U0929635

图解服务的细节

061

すぐ分かるスーパーマーケット使える計数ハンドブック

超市经营数据分析、管理指南

[日] 纸谷佳伸 著

石露 译

人民东方出版传媒
People's Oriental Publishing & Media

東方出版社
The Oriental Press

序 言

超市想在竞争激烈的食品超市行业中生存发展，离不开超市员工每日的辛勤工作和不断改进各项工作的努力。只有货品种类丰富了、服务质量提高了，才能让顾客越来越满意，才能在行业中立于不败之地。

员工作为集体中的一员，不仅要遵守公司的各项规章制度，还须通过自身的不断努力，提高个人能力，为公司尽心尽力。而且，工作人员每日的工作内容也绝不是一成不变的，季节和天气的变化，时间段的不同，以及平日和周末的差别，都会对顾客的需求产生影响。因此，工作人员每天的工作并不像表面看起来那样简单重复，市场需求在变化，每日的工作内容也随之变化。

作为一名业内人员，要想看清不断变化的市场，提高自身的业务水平，就必须具备丰富的经验，分析、管理市场数据的知识。这要求员工必须在日常工作中，养成正确使用数据的习惯。

1 什么是数据管理

我们在各项进货、销售的环节中，都会用到各种各样的数据。我们按照不同的月份、星期和日期，记录下销售额、营业总利润及预算值，对营业额是否达到预定目标值进行评估，并为下一次如何开展销售活动提供数据依据。用于经营活动的策划与评估的数字叫作“数据”，通过分析数据进行的经营管理叫作“数据管理”。

数据仿佛具有灵性，做好数据分析的话会收到不错的效果。因偷工减料造成恶果的，努力了结果却不尽如人意时，也能将经验教训运用到下一次工作中，发现接下来的课题。所以，可以这样说，数据与工作共存，其作用和我们的工作一样举足轻重，不容小觑。

2 以数字的形式表现 PDCA 流程

数据管理并不是单纯采集或计算数据，仅计算出数值毫无任何意义，重要的是如何将计算出的数据用在 PDCA［P = Plan（策划）、D = Do（执行）、C = Check（评估）、A = Action（反省、改进）］的业务循环过程中。数据管理实际上是促进 PDCA 正常循环运转的工具之一。

日常工作中，将每次的问题归结成数值，再利用数值进行验证，如果能够长期坚持做这项工作，将会极大地提升自身的工作能力。

积累经验固然十分重要，但存在难以将技术传达给别人的问题，更无法演变为团队力量，所以如果在积累经验的同时采集各项数据，就可以解决这个难题。

3 用采集和计算出的数据反馈结果

数值与善、恶、高、低等人的主观印象不同，是客观的。在含有预算完成率、预算消化率、目标数字计算的项目中，要想进行改进，必须将该项目数据化，并进行验证，以确定每天的工作成果。

总结

本书主要阐述了店铺如何在实际工作中对数据进行管理，阅读本书的业内人士在读到第一章—第十一章中详细解说的各案例时，会遇到和自己所在店中相同的问题。阅读本书，无论是对增强数据管理概念，还是对提升个人的技能，或对所在店铺加以改进都具有很大的参考价值。

店长与课长可以根据本书内容进行交流。店长在巩固数据管理的基础的同时，各部门的课长也获得了和店长一起学习数据管理的具体操作的绝佳机会。店长与各部门课长之间良好的沟通会使该店更加具有竞争力。希望读者能够充分利用本书，在工作中大展身手！

纸谷佳伸

目 录

第一章

如何利用数据，对销售额进行分析

找出销售业绩不佳的原因

灵活应用数据的要点

销售策略的顺序和数据计算

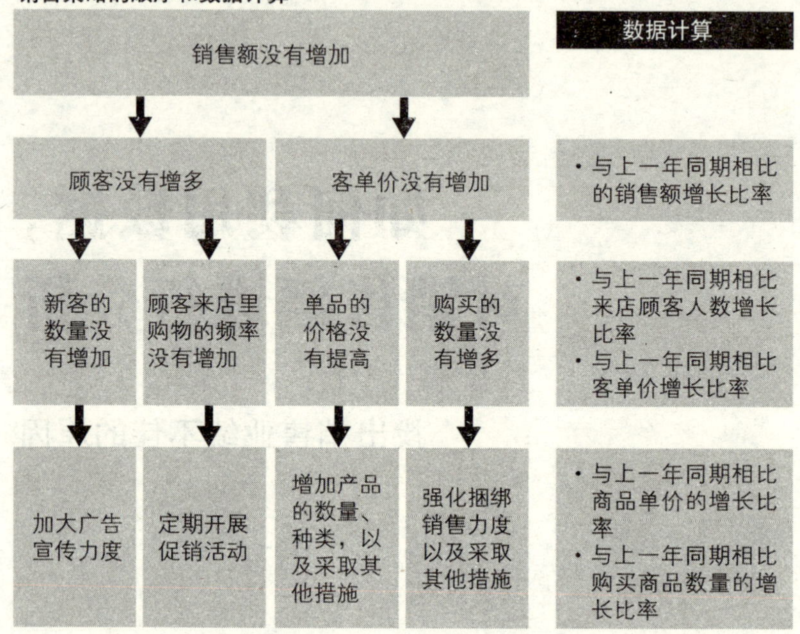

对于食品超市而言，销售额可以说是利润的来源。无论怎样控制成本和经费，如果完不成一定的销售指标，店铺是无法提高收益的。

所以，无论是店长还是课长，必须想尽办法以确保销售额。

仅将销售额无法上涨的原因归咎于激烈的市场竞争将于事无补。在这个时候，行之有效的方法是数据分析，可利用它找到销售业绩不佳的原因，进而制定出有效的对策。

当销售额无法上涨时，可使用销售数据，通过“销售额=顾客数量×客单价”的公式分析原因是否存在于顾客数量或者客单价上。

对于顾客的数量，需要分析新客和常客的统计数据。可通过问卷调查和会员卡等方式，分析新客的发展趋势，并确认常客来店里购物的频率。不仅要把顾客多的日子和顾客少的日子进行比对，还要在关注竞争对手的促销活动的同时，对现状进行分析。另外，对一个星期内不同日期顾客的分布情况，以及一天之中从早到晚各时间段的销售情况都须加以确认，并根据需要加大店内的促销力度。

客单价可用“顾客购买商品的平均数量×商品的平均单价”的公式计算。应查看商品的平均单价与购买数量的数据，分析这两个数据的变化趋势。

这两个数字相互关联，一个数值增加，另一个数值就会减少。零售多的时候，所销售的商品数量虽然增加了，商品的单价却降低了。相反，如果加强成箱或大包装销售的力度，虽然顾客购买的数量会减少，商品的单价却增加了。

可以通过发传单特卖、定期促销活动、零售、均价销售、捆绑销售、大容量销售等各种方式，找出制订销售对策的突破口。在充分了解客户购物习惯的基础之上，对顾客数量、单件商品的价格及购买数量进行控制，达到提高销售业绩的目的。

而且，通过和基准数值相比较，不仅可以掌握销售额的变化趋势，还能掌握问题出现的原因。其中一个比较常用的方法是以时间轴为基，分析销售与上一年比值。

和上一年相比，计算销售额的比值的公式为“本期销售额÷上一年同期销售额×100%”。通过对比，我们可清楚地看出销售额的变化，进而查明效益好坏的原因。

另外一个方法是计算出结构比。如不同时间段顾客数量的比率，就可用“不同时间的顾客数量÷全天的顾客总数量×100%”的公式表现出来。根据不同时间段来店购物顾客数量的多少，制定出相应的销售策略。

结构比数据计算法同样适用于分析各部门销售额和部门毛利等场合。从结构比图表中，我们既能看出各部门的销售与收益的情况，更能明确应该重点抓哪个部门，这为对该部门优先进行整治与调整提供了依据。

利用时间轴和商品轴找出收益不好的原因

销售额、顾客数量或者客单价的数值出现不正常的情况时，可利用时间轴和商品轴两个坐标，从大到小将分类逐层细化，分析发生异常的原因。

要想及时发现异常数值，就需要在平时，分析销售数据，掌握数据的平均水平，以积累经验。拥有了自己的判断基准后，就能对偏离平均值或异常数据持有敏锐的感知能力。

时间坐标按照年、月、星期、日期及时间的顺序进行划分，找出问题的所在。商品坐标则按照大、中、小及单品的顺序进行划分，可将收益不好的原因限定到某个具体的范围内。找到了问题的具体原因所在，自然会相应地找到有效的办法加以解决。

课长应当定期检查所负责部门的销售数据，对出现的异常值保持相当的敏感度，并根据需要找出问题的原因所在。

理解销售额的基本概念

本章节需要记住的公式

- 销售额（日元）=顾客数量（人）×客单价（日元）
- 客单价（日元）=销售额（日元）÷顾客数量（人）
  =每位顾客购买商品的平均数量（个）×商品的平均单价（日元）
- 销售额=顾客数量（人）×每位顾客购买商品的平均数量（个）
  ×商品的平均单价（日元）

店长："对水产部门习惯了吧？虽然不容易，我还是很希望你能早点儿独当一面。"

水产部新课长："谢谢您的鼓励！我一定不辜负您的期待。"

店长："那么，通过学习数据分析来提高自己的管理能力吧！希望你成为一个会使用数据的管理人员。"

水产部新课长："好的，我会好好学习的！"

店长："零售业新人首先应该了解的是销售额，销售额可以用：

销售额（日元）=顾客数量（人）×客单价（日元）

的公式计算。"

水产部新课长："这个公式是什么意思呢？"

店长："指的是来店里购物并结账的顾客的数量乘以每位顾客平均购买商品的金额，得出的数就是销售额。"

水产部新课长："可是放到店铺和部门中，应该怎样应用它呢？”

店长：“要想提高销售额，需要两个条件，要么是购买商品的顾客多，要么是平均每位顾客多花点儿钱。也可以这样说，如果销售业绩不好，不是购买商品的顾客少了就是平均每位顾客花的钱少了。”

水产部新课长：“有的顾客愿意买贵的商品，有的顾客只买便宜的商品，我们怎么知道顾客平均花多少钱呢？”

店长：“把公式一移项，变成除法就算出来了。在某个时间段卖出去的总钱数除以这段时间里结过账的顾客总人数就算出来了。”

客单价（日元）= 销售额（日元）÷ 顾客数量（人）

店长：“还可以按以下公式计算。”

客单价（日元）= 每位顾客购买商品的平均数量（个）× 商品的平均单价（日元）

水产部新课长：“这个公式是什么意思？”

店长：“就是用商品的平均单价乘以卖出去的商品的平均数量算出客单价，这个有时间再给你详细讲。和销售一样，要想提高客单价，就得至少提高商品单价或购买件数。刚刚讲的这些都是基础知识，必须记住。”

利用销售额与上一年比值找出问题点

本章节需要记住的公式

- 销售额与上一年比值（%）(与上一年同期相比)= 当前销售额（日元）÷上一年销售额（日元）× 100%
- 顾客数量与上一年比值（%）(与上一年同期相比)= 当前顾客数量（人）÷上一年顾客数量（人）× 100%
- 客单价与上一年比值（%）(与上一年同期相比)= 当前客单价（日元）÷上一年客单价（日元）× 100%

店长："销售额搞明白了的话，接下来给你讲讲销售额与上一年比值。"

水产部新课长："销售额与上一年比值是什么呢？"

店长："销售额与上一年比值就是用百分比表示较上一年同期，销售额是增加还是减少，波动幅度如何。是用来评估销售额的基本数值。计算公式如下。"

销售额与上一年比值（%）(与上一年同期相比)= 当前销售额（日元）÷ 上一年销售额（日元）× 100%

店长："就拿与我们竞争很激烈的一家连锁店来举例说明。"

水产部新课长："那个店怎么了？"

店长："和很多食品超市一样，那个店的经济效益也一直不佳。食品超市之间竞争激烈的同时，加强食品销售的药妆店和便利店也越来越多，食品超市的经营变得越来越难。并且，还受经济形势的影响。虽说食品超市的商品和日常生活息息相关，可随着税收增加，老百姓的经济负担加重，出现了日常消费减少的趋势。”

水产部新课长：“嗯……经您这么一说，我也觉得好像我到药妆店或便利店买东西的次数是要比在超市买东西的次数多。”

店长：“而且，这个店也没有打出自己的特色商品或服务，因此受竞争对手和消费者消费水平下降的影响，经济效益越来越不好。”

水产部新课长：“怎样才能让店铺重新兴旺起来呢？”

店长：“尽可能地了解实情，制订相应的解决方案。这个时候就要用到数据分析或计算，可以从和上一年同期比较的数据着手，对数据进行分析。只要找到了效益不好的原因，接下来就是怎样解决问题了。”

过去三年数据的变化

年度	销售额（百万日元）	顾客数量（人）	客单价（日元）
本年度	793	440555	1800
去年	805	440920	1825
前年	822	441650	1861

店长：“由这张表，可以看出过去三年销售额的变化情况。今年是 7.93 亿日元，去年为 8.05 亿日元，前年 8.22 亿日元，年年都较前一年下降。下面的公式是每日平均销售额

的算法。”

平均每个营业日的销售额（日元）= 全年销售额（日元）÷营业天数（天）

·今年　7.93 亿日元÷365 天≈217 万 3000 日元

·去年　8.05 亿日元÷365 天≈220 万 5000 日元

·前年　8.22 亿日元÷365 天≈225 万 2000 日元

＊营业天数按照 365 天计算，不到 1000 日元时按照四舍五入计算

水产部新课长：“从这个表格中是可以看出销售额在下跌，但下跌的幅度如何判断？”

店长：“能注意到这点非常不错！这就要用到刚才咱们说到的与上一年同期比较得出比值的方法，首先，看一下销售额是怎样变化的。”

销售额与上一年比值（%）（与上一年同期相比）= 当前销售额（日元）÷上一年销售额（日元）×100%

·本年度　7.93 亿日元÷8.05 亿日元×100%≈98.5%

·去年　8.05 亿日元÷8.22 亿日元×100%≈97.9%

店长：“今年和去年相比，销售额减少了 1.5%，去年和前年相比，销售额减少了 2.1%。再看看顾客数量和客单价。”

顾客数量与上一年比值（%）（与上一年同期相比）= 当前顾客数量（人）÷上一年顾客数量（人）×100%

·本年度　44 万 555 人÷44 万 920 人×100%≈99.9%

·去年　44 万 920 人÷44 万 1650 人×100%≈99.8%

客单价与上一年比值（%）（与上一年同期相比）

=当前客单价（日元）÷上一年客单价（日元）×100%

·本年度　1800 日元÷1825 日元×100%≈98.6%

·去年　1825 日元÷1861 日元×100%≈98.1%

销售额、顾客数量、客单价与上一年比值（与上一年同期相比）

年度	销售额（%）	顾客数量（%）	客单价（%）
本年度	98.5	99.9	98.6
去年	97.9	99.8	98.1

店长："能看出什么？"

水产部新课长："顾客数量和客单价每年都在减少，和过去的一年比较，就看出各自的影响了。"

店长："再用顾客数量和客单价的数字比比看，是不是客单价下降比顾客人数下降得更厉害呢？"

水产部新课长："是的，可这又是怎么一回事呢？"

店长："就拿今年来说，顾客数量与上一年比值为 99.9%，客单价与上一年比值为 98.6%，也就是说，该店效益不好的原因之一就在于客单价。"

水产部新课长："确实，这么一看，客单价确实比顾客数量对销售额的影响更大。"

店长："再细分一下。下面的这张表格记录了过去三年每件商品的平均价格及平均每个人购物数量的比率，都是和上一年同期相比较计算得出的。你能看出什么？"

客单价、商品的平均单价、平均每人购买商品数量与上一年比值（与上一年同期相比）

年度	客单价（%）	商品的平均单价（%）	顾客购买商品的平均数量（%）
本年度	98.6	98.8	99.8
去年	98.1	98.5	99.6

水产部新课长："知道了！商品的平均单价比平均每人购买商品数量的数值减少的幅度要大。"

店长："说对了。从这些比值可以看出和上一年同期相比，所购商品平均单价与上一年比值是98.8%和98.5%，而相应的平均每位顾客购物的数量与上一年比值为99.8%和99.6%。很明显，顾客购买商品的平均单价下跌对客单价的影响更大。"

水产部新课长："这又是什么原因？"

店长："现在还只是猜测这个店效益不好的原因是价格战过度了。竞争的店越来越多，光靠价格便宜来招揽顾客。不过，应该不止这一个原因，必须再换个角度看看销售额还受到了哪些方面的影响。"

算出一个星期内各天销售额所占的比例，从该数值中找出销售的特点

本章节需要记住的公式

・一周内各天所占的销售比（%）= 一周内各天的销售额（日元）÷ 一周的销售额（日元）× 100%

店长："这次我们计算一下各天在一个星期内所占的销售比，以验证是否真是受到了价格战的影响。"

水产部新课长："各天在一个星期内所占的销售比是什么意思？"

店长："就是用百分比表示出一周内的各天在整个星期中所占的销售比，比例数大的那天就代表卖得多。举个例子，如果周一算出的数值比其他天的都大，就说明周一卖货多。"

水产部新课长："那么即使数值大又和价格战有什么关系呢？"

店长："算出的星期几的数值大，对销售额的影响就要比其他天大。如果在那天开展促销活动，对销售额和其他数值的影响自然会更大。如果知道那天卖场推出了怎样的活动，那么就可以找到更多的依据去判断到底是不是打价格战的原因才导致效益不佳的。"

水产部新课长："明白了！"

店长："我们来实际算一算。先算销售额，如果特意指定哪个星期，算出的数字可能会不准，可以先从全年的数据中，算出每周的平均销售额，再算出周一在整个星期内所占的比例，周二在整个星期内所占的比例，以此类推。"

每周的平均销售额（日元）= 全年销售额（日元）÷ 52 周

店长："如：本年度平均每周的销售额（日元）= 7.93 亿日元 ÷ 52 周 =1525 万日元。那么拿本年度的周一举例，看看周一对整个星期的贡献如何？"

周一的平均销售额 = 全年周一的销售总额 ÷ 全年周一的总天数 = 8169.2 万日元 ÷ 52 日 = 157.1 万日元

店长："最后再除以整周的销售额，就算出周一在整个星期内的销售额中所占的比例了。"

周一占整周的销售比 = 周一的平均销售额 ÷ 全年平均每周的销售额 × 100% = 157 万 1000 日元 ÷ 1525 万日元 × 100% ≈ 10.3%

店长："这样将周一到周日都算一遍，就得出下面这个表格了。"

一周内各天所占的销售比

星期	一	二	三	四	五	六	日	总数
销售额（千日元）	1571	2379	1601	2867	1464	3645	1723	15250
所占比例（%）	10.3	15.6	10.5	18.8	9.6	23.9	11.3	100

水产部新课长："原来一个星期内不同日子的销售额相差

这么大!”

店长:“从这个结果就能看出来周六卖得最好，其次是星期四、星期二。能看出这三天有什么共同点吗?”

水产部新课长:“这三天都是特卖日，举办了大型的促销活动。”

店长:“没错！不过也可能就是因为这些降价大甩卖的活动办得有点儿过度，导致单品的平均价钱都降低了。”

水产部新课长:“是吗?”

店长:“要想查明这一点，就需要从当天的 POS 机中提取数据，确认一下哪些商品卖得多。如果卖出去的商品大多是价格便宜的，就可能真的像猜测的那样是由于卷入价格战所导致的。”

利用商品的平均单价提高客单价

本章节需要记住的公式

- 客单价（日元）=顾客购买商品的平均数量（个）×商品的平均单价（日元）
- 商品的平均单价（日元）=客单价（日元）÷顾客购买商品的平均数量（个）
  =销售额（日元）÷销售数量（个）

店长：“现在看一下商品的平均单价。”

水产部新课长：“什么是平均单价？”

店长：“简单来说，就是所有商品的平均单价。上次提到过，它和客单价的关系可用以下的公式表示出来。”

客单价（日元）=顾客购买商品的平均数量（个）×商品的平均单价（日元）

商品的平均单价（日元）=客单价（日元）÷顾客购买商品的平均数量（个）

商品的平均单价（日元）=销售额（日元）÷销售数量（个）

水产部新课长：“还是不太明白，顾客购买商品的平均数量和销售数量不是一回事吗？”

店长：“感觉很像，却不是一回事。销售数量指的是某个期间顾客一共买了多少东西的数量，是个总数，和平均数量是两回事。所以，用销售额除以销售的数量就得出了商品的平均单价。”

水产部新课长：“原来是这么回事。”

店长："现在拿我们店为例，从下面这个表格，能看出不同部门货品的平均单价的变化趋势都不同。果蔬部门的售货员很专业，水果、蔬菜的平均单价有增长的趋势，而水产部的则在下跌。"

不同部门的商品平均单价的变化

部门	销售额与上一年比值（%）（与上一年同期相比）	商品的平均单价		
		本年度（日元）	去年（日元）	与上一年比值（%）（与上一年同期相比）
蔬菜	103.5	105	104	101.0
水果	101	280	273	102.6
水产品	93.1	275	290	94.8
副食品	95.8	275	285	96.5

水产部新课长："不同部门卖的东西也不一样呢！"

店长："我开始也是这么想。为此我特意请教了果蔬部的课长，问他是怎么让商品的平均单价提高的。

他说：'星期六会员购物都是五倍积分的，很多顾客会利用这个机会把平日要买的东西一起都买了，这个时候，我会推出超值大礼包或整箱销售。'

刚发工资的日子或积分高的日子，最适合推出平日不太好卖的大型商品。这时就可以策划一些能提高商品平均单价的促销活动，像给顾客一个购物袋，顾客可以随意装满自己喜欢的蔬菜，而价钱是固定的（本书中将这种促销方式称为

‘随便装均一价’)，这类活动就很受顾客的欢迎，还可以印在传单上宣传。

果蔬部门的课长还说虽然顾客都追求物美价廉，但仅靠降价吸引顾客，会导致商品的平均单价降低，所以推行时必须谨慎，必须有战略性地开展促销活动。”

水产部新课长：“竟然将平均单价活用得这样好！”

店长：“是的，销售额等于购物顾客的人数乘以客单价。再一展开，就变成了销售额等于购物顾客的人数乘以顾客购买商品的平均数量再乘以所购商品的平均单价。

所以，要想提高销售额，就必须想办法让这三个数值上升。果蔬部门的课长就是看准平均单价着手行动的。”

水产部新课长：“原来是这样！”

店长：“水产部门的情况怎样？”

水产部新课长：“水产部门主要是将水产品包装成顾客需要的分量出售，零售时统一价格，都卖 99 日元（折合约 6 元人民币）一盒。

可这样不仅会占用卖场很大的场地，而且虽然想靠价格便宜多卖点儿，卖出去的数量总不见涨，平均单价也在下跌。这样的零售会形成固定模式，顾客很难被吸引。”

店长：“也就是说，现在的这种卖给顾客需要的量的分装模式已经导致商品的平均单价下降了吗？”

水产部新课长：“我是这么认为的。”

店长：“顾客的人数一年比一年少，很难卖出更多的商品。可不可以参考一下果蔬部的做法，改变一下销售策略？”

利用不同时间段顾客数量的结构比，找出一天当中的购物高峰期

本章节需要记住的公式

- 不同时间段顾客数量的结构比（%）= 不同时间段的顾客数量（人）÷ 全天的顾客总数量（人）× 100%

店长：“果蔬部门课长说时间段很重要，他们都是看好来人多的时候推出活动的。先了解每个星期各个时间段来店购物的顾客数量，再决定是多摆货还是举办限时优惠打折等活动。”

水产部新课长：“是吗？”

店长：“要想知道哪个时间段顾客数量大，可以查看下表，看来店购物的顾客数量的变化情况。”

不同时间段的顾客数量

时间段	顾客数量（人）
10：00—12：00	361
12：00—14：00	228
14：00—16：00	266
16：00—18：00	589
18：00—20：00	456
合计	1900

水产部新课长："下班以后来买东西的人多。"

店长："看这个不同时间段的顾客数量的结构比就很容易掌握顾客数量。现在就用这种方法算算上午和傍晚的顾客数量结构比。"

不同时间段顾客数量结构比（%）= 不同时间段的顾客数量（人）÷ 全天顾客总数量（人）× 100%

· 10—12 时　　361 人 ÷ 1900 人 × 100% =19.0%

· 16—18 时　　589 人 ÷ 1900 人 × 100% =31.0%

不同时间段顾客数量的结构比

时间段	结构比（%）	购买数量（个）
10：00—12：00	19	10.5
12：00—14：00	12	9.5
14：00—16：00	14	9.5
16：00—18：00	31	11.5
18：00—20：00	24	8.5
合计	100	10.5

店长："怎么样？"

水产部新课长："同样是两小时，竟然差出了 10% 以上！"

店长："把几个时间段都算出来，你就会发现咱们店傍晚人一下子就多了，上午也有个小高峰。"

水产部新课长："还真是这样！"

店长："而且，建议你关注一下购买数量的问题。"

水产部新课长："为什么呢？"

店长："你看，从早上 10 点开门到中午 12 点，下午 4 点到 6 点，这两个时间段的顾客买东西的平均数量都增多了，而且，这两个时间段来买东西的顾客占了全天顾客的一半！"

水产部新课长："还真是这样的！"

店长："这么一看，就知道这样的时间段的重要性了吧！既是客流高峰，又可以想办法让顾客购买的平均数量增加，是抓紧时间提高销售额的好时机。现在就先想想有什么好的销售方案适合上午和傍晚吧。"

利用不同时间段顾客数量与上一年比值，抓住有利时机

本章节需要记住的公式

- 不同时间段顾客数量与上一年比值（%）= 当前某时间段的顾客数量（人）÷上一年同期该时间段的顾客数量（人）×100%
- 不同时间段销售额与上一年比值（%）= 当前某时间段的销售额（日元）÷上一年同期该时间段的销售额（日元）×100%

店长：“想要找出销售业绩不好的原因，算出不同时间段与上一年比值也是一个办法，即计算不同时间段顾客数量与上一年比值和销售额与上一年比值。当顾客数量或销售额较上一年同期下降时，就可用这个算法看出是哪个时间段下跌的。而且将顾客数量和销售额与上一年比值进行对比，还能看出顾客数量对销售额的贡献度。”

不同时间段顾客数量与上一年比值（%）= 当前某时间段的顾客数量（人）÷上一年同期该时间段的顾客数量（人）×100%

不同时间段销售额与上一年比值（%）= 当前某时间段的销售额（日元）÷上一年同期该时间段的销售额（日元）×100%

店长：“下面这个表格，就将上周六的顾客数量、销售额与去年同一天的数值做了比较。当天下午 4 点到 6 点，店里

又是十倍积分，又是成箱卖，加上大米特价、熟食半价，真够热闹的。”

水产部新课长：“那天活动是挺多的。”

店长：“那么，现在能算出那天下午 4 点到 6 点的顾客数量、销售额与去年同期相比的比值吗？和全天的一对比，就很容易知道增长的幅度是怎样的了。”

星期六来店购物的顾客数量和销售额

<不同时间段顾客数量>

时间段	本年度		去年	
	实际人数（人）	结构比（%）	实际人数（人）	结构比（%）
10：00—12：00	210	10	343	18
12：00—14：00	210	10	210	11
14：00—16：00	315	15	287	15
16：00—18：00	840	40	592	31
18：00—20：00	525	25	478	25
合计	2100	100	1910	100

<不同时间段销售额>

时间段	本年度		去年	
	实际销售额（千日元）	结构比（%）	实际销售额（千日元）	结构比（%）
10：00—12：00	473	11	646	17
12：00—14：00	387	9	456	12
14：00—16：00	645	15	532	14

（续表）

时间段	本年度		去年	
	实际销售额（千日元）	结构比（%）	实际销售额（千日元）	结构比（%）
16：00—18：00	1806	42	1254	33
18：00—20：00	989	23	912	24
合计	4300	100	3800	100

水产部新课长："那天的促销活动没白忙活！傍晚的时候顾客增加了许多，比全天的数值高出了32个百分点！"

·顾客数量与上一年比值　2100人÷1910人×100%≈109.9%

·16—18时顾客数量与上一年比值　840人÷592人×100%≈141.9%

店长："销售额呢？"

水产部新课长："销售额也上涨了30%多！这可真不容易。我想这次促销活动是非常成功的！达到了预期目标。"

·销售额与上一年比值　430万日元÷380万日元×100%≈113.2%

·16—18时销售额与上一年比值　180万6000日元÷125万4000日元×100%≈144.0%

店长："上周六傍晚办的促销活动，不仅吸引了顾客来店里买东西，很多顾客还买了许多刚开始没想买的东西。也就是说，每位顾客平均购买商品的金额也增加了。

算出不同时间段与上一年比值，不仅可以看出促销活动的效果，还可以让我们知道哪个时间段利于促销，必须熟练掌握这个算法。”

水产部新课长：“好的。”

店长：“注意到不同时间段的顾客数量和销售额的结构比了吗？”

水产部新课长：“注意到了，用处也非常大。可以看出这个时间段的顾客数量和销售额占了全天的近四成。”

店长：“嗯，很大的数字。听说果蔬部门那天又是成箱卖，又是随便装均一价，销售业绩非常不错！他们的促销方式很灵活，不是一般的光靠招牌产品吸引顾客的方式。”

水产部新课长：“我们部门有机会也要跟他们好好学学！”

利用各部门销售额与上一年比值，查看哪个部门效益好

本章节需要记住的公式

- 各部门销售额与上一年比值（%）= 当前各部门销售额（日元）÷上一年同期该部门销售额（日元）× 100%
- 各部门销售额（日元）= 销售数量（个）× 商品的平均单价（日元）

周六各部门销售额的结构比和与上一年比值

部门	去年		本年度		与上一年比值（%）
	销售额（千日元）	结构比（%）	销售额（千日元）	结构比（%）	
蔬菜	418	11.0	559	13.0	133.7
水果	190	5.0	258	6.0	135.8
肉禽	456	12.0	516	12.0	113.2
水产品	532	14.0	527	12.3	99.1
日配	608	16.0	731	17.0	120.2
干货	494	13.0	667	15.5	135.0
……	……	……	……	……	
……	……	……	……	……	
合计	3800	100.0	4300	100.0	113.2

水产部新课长：“其他部门的销售业绩怎么样？”

店长：“事先采取对策的部门和没有事先采取对策的部门有很大的差距。肉禽部开辟了烤肉区，还开展了免费试吃的

活动，日配部门也因为开展均一价促销和捆绑销售的活动忙个不停。

你们水产部门在顾客多时应付不过来，好多货又跟不上，所以从数字上表现出来的销售业绩并不好。不过，你大概是第一次赶上这么忙的时候吧，可以借机多学习学习。”

水产部新课长：“嗯！这回我也知道前期做好准备的重要性了！下次一定注意！”

店长：“行！那拜托了。现在咱们再看看其他部门的业绩。”

各部门销售额与上一年比值（%）= 当前各部门销售额（日元）÷ 上一年同期该部门销售额（日元）× 100%

·水产品 52 万 7000 日元 ÷ 53 万 2000 日元 × 100% ≈ 99.1%

·蔬菜 55 万 9000 日元 ÷ 41 万 8000 日元 × 100% ≈ 133.7%

·日配 73 万 1000 日元 ÷ 60 万 8000 日元 × 100% ≈ 120.2%

水产部新课长：“这么一看，一下子就明白了！”

店长：“总体上来说销售额都上涨了，其中，事先采取了对策的部门的销售额构成比也都增加了。”

水产部新课长：“销售额上涨的部门，是不是顾客买的东西的数量也都多了？”

店长：“在确认顾客买了多少东西前，先给你讲讲各部门的销售额吧！

销售额可以用顾客数量乘以客单价算出来，再把客单价拆分开，就成了顾客数量乘以平均每位顾客购买商品的数量再乘以商品的平均单价。在这里，顾客数量乘以平均每位顾客购买商品的数量意味着什么？”

水产部新课长：“代表了我们卖出的商品总数量。”

店长：“对！就是这样。某个部门卖出商品的数量再乘以商品的平均单价就得出了这个部门的销售额。”

各部门销售额（日元）= 销售数量（个）× 商品的平均单价（日元）

水产部新课长：“在和前一年比较商品的销售额时，果然将销售数量和商品的平均单价分开表示会看得更清楚。”

店长：“能看出到底是销售数量的影响大还是单价的影响大，还能看出销售额的趋势。那么，我们再一起仔细看看各部门统计的数据。”

周六各部门的销售数量与商品的平均单价

部门	去年			本年度			与上一年比值		
	销售数量（个）	平均单价（日元）	销售额（千日元）	销售数量（个）	平均单价（日元）	销售额（千日元）	销售数量（%）	平均单价（%）	销售额（%）
蔬菜	3344	125	418	3429	163	559	102.5	130.4	133.7
日配	3200	190	608	3673	199	731	114.8	104.7	120.2
水产品	1900	280	532	1981	266	527	104.3	95.0	99.1

店长：“蔬菜的平均单价涨幅最大，看来限时和积分促销的效果不错！和它相对的是日配在销售数量上的效果更明显。看来随便装均一价的活动提高了商品的平均单价，而捆绑销售在增加销售数量上取得了不错的效果。”

水产部新课长：“是的。”

店长：“一会儿调出 POS 机里的数据确认一下咱们的猜想对不对。不过，虽然顾客数量增大了，恐怕卖出的生鱼片的数量不但没跟上，反而少了，商品的平均单价估计也跟着减少了。”

水产部新课长：“我知道了。”

利用消化率，检查预算完成的进度

本章节需要记住的公式

- 不同日期销售额完成率（%）= 各日的实际销售额（日元）÷该日的销售预算（日元）×100%
- 各月销售预算的消化率（%）= 各月某段时期实际销售额（日元）÷该月的销售预算（日元）×100%
- 销售预算的完成率（%）= 各月的实际销售额（日元）÷该月的销售预算（日元）×100%

店长："另一个评估销售额的方法就是和预算值做比较。不管是店长还是课长，但凡担任管理角色的人都要努力完成上级下达给自己所负责部门的预算指标，将销售和收益做到最大化。"

水产部新课长："如何与预算值做比较呢？"

店长："将各天的销售额或一段时期内的销售额，和当天或当月的预算值比较后得出的数值，用所占百分比表示出来。计算公式如下。"

不同日期销售额完成率（%）= 各日的实际销售额（日元）÷该日的销售预算（日元）×100%

各月销售预算的消化率（%）= 各月某段时期实际销售额（日元）÷该月的销售预算（日元）×100%

销售预算的完成率（%）= 各月的实际销售额（日元）÷该月的销售预算（日元）×100%

店长：“现在就将蔬菜部作为例子计算一下。”

· **3 月 1 日的销售完成率**

235 万 5000 日元 ÷ 245 万 7000 日元 × 100% ≈ 95. 8%

· **3 月 1 日、3 月 2 日的累计销售完成率**

392 万 6000 日元 ÷ 411 万 1000 日元 × 100% ≈ 95. 5%

· **3 月 1 日—3 日的销售预算消化率**

672 万 6000 日元 ÷ 6300 万日元 × 100% ≈ 10. 7%

· **3 月的销售预算完成率**

5985 万日元 ÷ 6300 万日元 × 100% ≈ 95. 0%

蔬菜部各日的销售管理

日期	星期	划分	预算（千日元）	实际销售额（千日元）	完成率（%）	消化率（%）
3/1	星期二	当天	2457	2355	95. 8	3. 7
		累计				
3/2	星期三	当天	1654	1571	95	6. 2
		累计	4111	3926	95. 5	
3/3	星期四	当天	2961	2800	94. 6	10. 7
		累计	7072	6726	95. 1	
3/4	星期五	当天	1521	1430	94	12. 9
		累计	8593	8156	94. 9	
3/5	星期六	当天	3764	3800	101	19
		累计	12357	11956	96. 8	
3/31	星期四	当天	3000	2900	96. 7	95
		累计	63000	59850	95	
合计			63000	59850	95. 0	—

* 小数点后第二位四舍五入

店长："按照这个方法做出表格，就可以看出蔬菜部 3 月份的销售预算消化率是 95.0%，并未完成预算指标。"

水产部新课长："好严格！"

店长："对目标进行细化管理，早发现问题，针对完不成预算的状况及时进行分析并提出解决对策，这一点十分重要。并且，一旦目标明确，员工就知道该朝着什么方向努力，这对加强员工的意识也有很大的好处。"

水产部新课长："怎样对目标进行管理呢？"

店长："像'销售预算完成了吗？''这个月能完成指标吗？'可以对这些进行确认。如果完不成指标，就要检查和上一年同期相比是否上涨，如果没有上涨，就要对顾客数量、客单价，甚至商品的平均单价或顾客购买的数量等数据进行深入的分析。将问题细化后，原因就好查找了，进而就是针对这些问题的原因对问题加以解决了。

此外，对广告促销商品和推广商品的销售数据进行分析，可以提高管理者对市场进行评估和验证的准确度，而且，还可以进一步提高店铺的竞争力。"

第二章

如何利用数据，改善营业毛利润

加价、毛利润、损失的攻略法

灵活应用数据的要点

加价额与毛利润的关系

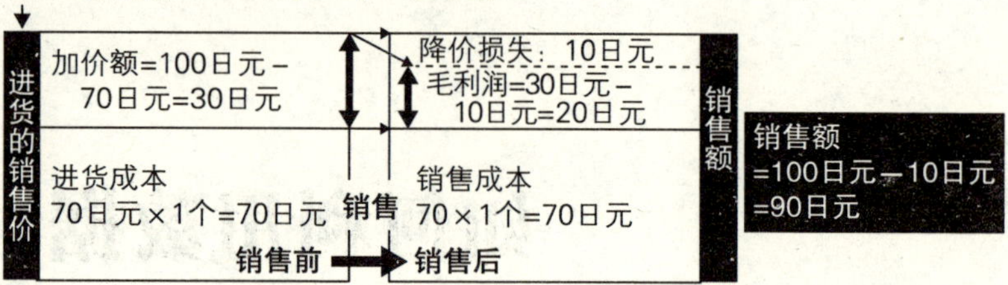

对于食品超市而言，如何改善毛利润是重中之重。特别是在竞争越来越激烈，人工成本越来越高，经费需求不断增加的环境下，如何改善利润必然成为经营店铺的重要课题之一。而担当此项重任的，就是各部门的课长。

大致可通过三种数字计算对毛利润进行改善，即和加价有关的数据计算、和毛利润有关的数据计算，以及和损失有关的数据计算。

加价决策指根据销售前的预定收益，通过“值”和“比率”两个数据，决定售价。尽管连锁店里很少由店员自己来定价，但是当附近有新店开张对自己所在的店构成威胁时，有时也会由店员根据对方的价格对自己所在店铺商品的价格做出临时调整。

毛利润指实际销售后获得的实际收益，而不是销售前的加价额。在销售前后，以生鲜为主的很多部门都会出现打折促销或因过期等原因无法继续售卖只能丢弃等情况，所得的实际收益经常达不到预计的收益。所以要从加价额里扣除这些损失掉的金额，得到的才是毛利润。

因此，要想改善毛利润，必须提高加价额或削减损失，这在后面的论述中将会加以详细的说明。持续对实际收益与预算的利润值（比率）是否相符进行监督，一旦出现偏离预期的情况，即时采取措施加以补救。

由下表可以看出，如果排除掉因错失良机而产生的损失，损失主要由降价损失和废弃损失构成。降价损失指预定的加价额减去实际毛利润所得的差。废弃损失指在销售期限内由没有卖完且只能扔掉的商品导致的损失，实际表现为销售额的减少。

对损失同样不能掉以轻心，需要定期对损失额和损失所占的比率进行检查，出现异常值时，通过观察商品种类、单品及出现的时间等数据，并对卖场进行巡视，查找出出现问题的具体原因，以便讨论出相应的对策。

损失的种类与发生的主要因素、解决办法

	现象	发生的主要因素（解决办法）
降价损失	开店时的生产过剩	生产（制造）数量、顾客数量与预测值发生偏差
	高峰时再向厂家追加生产的订单过多	订货数量、顾客数量与预测值发生偏差
	订货过多导致库存量过剩	没有制订好生产（制造）商品的标准（制订标准）

（续表）

	现象	发生的主要因素（解决办法）
降价损失	商品化过失 （美观受到影响）	对工作人员的培训不够，工作人员的技术不到位 （对工作人员进行技术培训，培养OJT、技术等类型的人才）
	新鲜度下降 （淌汁、变色）	没有销售（新鲜度、品质）的标准 （制作卖场商品新鲜度的标准）
	商品上架不及时 （没有应季）	商品上架的时间比预订的节气晚 （早点预订） 错过了高峰期（抓住时机）
废弃损失	忘记降价促销、降价促销不及时、促销方法不当	错过了降价销售的时期、降价幅度小了 （尽快售完）
	降价幅度过大	商品化、设定售价、卖场对新鲜度的管理出现差错（制订标准）
成品率损失	生产（制造）技术不够	没有做定期的生产（技术）指导 （培养人才）
	所进的原材料在进货标准以下	没有制订所进货品的规格、标准 （做出计划书）
不明损失	被偷窃或收银时扫码错误等原因	员工的培训不够、没有检查售价是否正确 （对员工进行培训、对商品的售价定期做出检查）
	盘点时出现差错	员工的培训不够（培养组织性人才）

利用加价额，决定售价

本章节需要记住的公式

- 销售价（日元）= 进货成本（日元）+ 加价额（日元）
  = 进货成本（日元）÷［100%−加价率（%）］
  = 加价额（日元）÷ 加价率（%）
- 加价率（%）= 加价额（日元）÷ 销售价（日元）× 100%

店长：“你知道如何制订售价吗？”

水产部新课长：“是不是在进货价上，加上一定的利润得到的？”

店长：“是的。进货价也被称作进货成本，在进货成本上，加上预定的加价额，就得出了销售价。决定售价的过程叫作加价决策，加价决策决定了商品的售价，也可以从中看出该企业或店铺是怎样给商品定价的。”

销售价（日元）= 进货成本（日元）+ 加价额（日元）

店长：“例如，一个圆白菜的进价是 70 日元，售价定为 100 日元。这时，进货成本就是 70 日元。加价额就是 100 日元减去 70 日元等于 30 日元。”

加价额 = 销售价 − 进货成本 = 100 日元 − 70 日元 = 30 日元

店长：“和加价额还有关系的数据是加价率，就是指加价额在销售价中所占的比例，用百分比表示。”

加价率（%）= 加价额（日元）÷ 销售价（日元）× 100%

店长：“这个公式需要加以注意，分母是销售价。加价额

（率）是指销售前的预定利润（率）。必须和后面要讲到的毛利润加以区分，不能混为一谈。

加价额是减去降价损失前对照销售价的预定收益，毛利润则是减去降价损失以后对照实际销售额所获得的利润。刚才圆白菜的例子还可以用下图表示。”

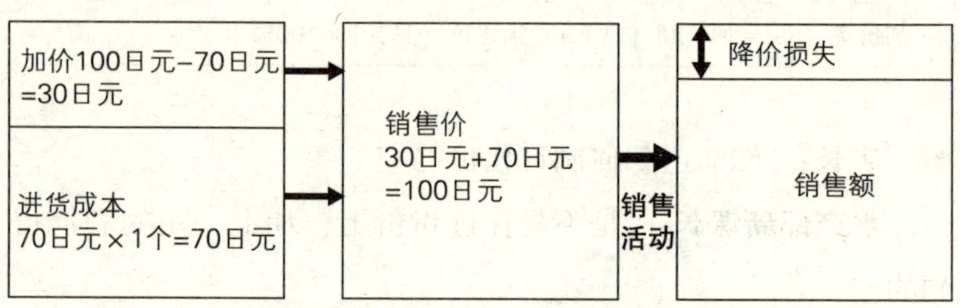

·加价额 30 日元÷销售价 100 日元×100%＝30%

店长：“实际决定售价或使用账目时，都要用到加价率。在和进货商商谈后，用谈好的进货成本和做过预算的加价率对商品进行定价。那么，当进货成本为 70 日元，预定的利润，即加价率为 30%时，销售价是多少？”

销售价 X 日元 （100%）	加价额、 加价率 30 日元 （30%）
	进货成本、 进货成本率 70 日元 （70%）

水产部新课长：“加价率是 30%，那么进货成本率就是用 100% 减去加价率得出 70%。进货成本率为 70%，进货成本为 70 日元，销售价是 100 日元，对吧？”

店长：“对！就是这样算。虽然数学公式很简单，还是在下面再写一遍。”

销售价 = 进货成本 + 加价额 = 进货成本 +（销售价 × 加价率）

销售价 －（销售价 × 加价率）= 进货成本

销售价 ×（1－加价率）= 进货成本

销售价 = 进货成本 ÷（1－加价率）

销售价 = 进货成本 ÷（100%－加价率）

销售价 = 进货成本 ÷（100%－加价率）= 70 日元 ÷（100%－30%）= 100 日元

水产部新课长：“我已经糊涂了！”

店长：“那么咱们再试试。如果已知加价额为 30 日元，加价率为 30%，算一算销售价是多少。”

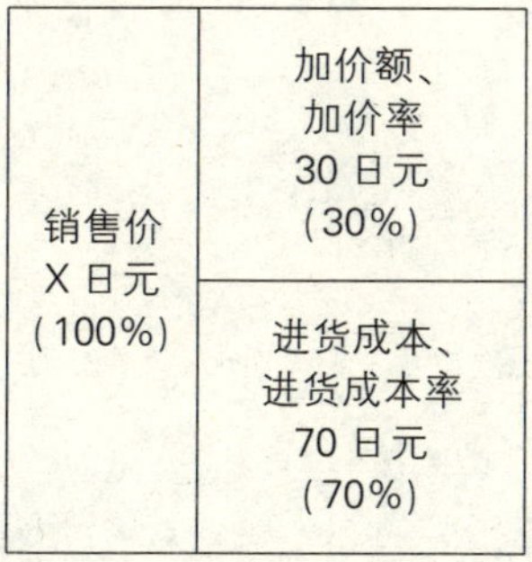

<table>
<tr><td rowspan="2">销售价
X 日元
（100%）</td><td>加价额、
加价率
30 日元
（30%）</td></tr>
<tr><td>进货成本、
进货成本率
70 日元
（70%）</td></tr>
</table>

水产部新课长：“加价率是 30%，加价额是 30 日元，按照百分之百算，（销售价）还是 100 日元对不对？”

店长：“对！这次的公式是这样的。”

销售价 × 加价率 = 加价额

销售价 = 加价额 ÷ 加价率

销售价 = 加价额 ÷ 加价率 = 30 日元 ÷ 30% = 100 日元

店长：“算出销售价的方法有很多。只要把数据之间的关系搞清楚，代入公式就可以了。”

水产部新课长：“好的。”

理解毛利润额与加价额的不同

本章节需要记住的公式

- 毛利润额（日元）= 销售额（日元）− 销售成本（日元）
  = 加价额（日元）− 降价损失（日元）
- 毛利润率（%）= 毛利润额（日元）÷ 销售额（日元）× 100%
- 降价损失率（%）= 降价损失额（日元）÷ 销售额（日元）× 100%

店长："知道利润有多少种吗？"

水产部新课长："是毛利润吗？"

店长："毛利润是其中之一，另外还有营业利润。简单来说，就是从销售额中减去销售成本和各种经费后剩下的收益。那你说一说毛利润又是什么？"

水产部新课长："就是从销售额中减去成本剩下的利润。"

店长："这么说虽然没错，但准确来说，毛利润是从销售额中减去销售成本后获得的利润。就像前面在讲加价额时说过的一样，一定要清楚地理解和进货成本之间的不同。"

毛利润额（日元）= 销售额（日元）− 销售成本（日元）

店长："简单来说，进货成本指的是商品进货时的成本。销售成本是已经出售了的商品的成本。看着相似，意思却全然不同。"

水产部新课长："还是不明白，为什么不同？"

店长："举个例子吧，一件商品的进货成本是 70 日元，如果要将商品以 100 日元的价格卖出，它的销售成本就是 70

日元。”

水产部新课长：“原来销售成本是对销售额而言的。”

店长：“对，就像加价额和毛利润额的区别一样。到底怎么不同想明白了吗？”

水产部新课长：“还是不大明白，怎么感觉还是一样的？”

店长：“完全不一样。毛利润额是销售额和已卖出商品的销售成本之间的差额。而加价额是从销售价中减去进货成本所得的预定利润的值。

卖出前是加价额，卖出后是毛利润额，是因为卖出前和卖出后之间产生了新的差额。”

水产部新课长：“新的差额？”

店长：“就是损失（损失的相关知识会在本书46页加以详细说明）。也就是说，可能会出于某种原因无法按照原定的销售价卖出去，导致实际销售额减少。

一种是没卖出去只能扔掉的情况，销售额是零，这种损失被称为废弃损失。还有一种是商品快过期了，只能降价卖，销售额就跟着减少了，这时产生的损失被称作降价损失。这两种情况在销售的过程中都有可能出现。”

水产部新课长：“可是卖不出去也不行啊！只有降价才能卖得快些。”

店长：“这种想法不是很对。虽然生鲜部门很容易产生废弃或降价损失，可如果事先估算好当天能卖出去的数量，就可以将损失控制住。如果打折才卖得好，只能说明将销量估测得过高了。”

水产部新课长：“确实是这样的。”

店长：“现在回到原来的话题。尽管前面我已经重复好几遍了，现在还要再强调一遍，与销售时预定的加价额不同，毛利润额是指降价后卖出的已经减去了降价损失后获得的收益。”

毛利润额（日元）=加价额（日元）-降价损失（日元）

店长：“那么你看一下，毛利润率又是怎样算出来的呢？”

水产部新课长：“是不是用毛利润除以卖出去的销售额呢？”

毛利润率（%）=毛利润额（日元）÷销售额（日元）×100%

店长：“对！那损失率呢？”

水产部新课长：“损失率……”

店长：“和毛利润率的想法差不多，就是看销售过程中出现的损失的金额在销售额中所占的比例。可以用下面的公式算出降价损失率。”

·降价损失率（%）=降价损失额（日元）÷销售额（日元）×100%

店长：“在生鲜和果蔬部门，一点儿损失都没有是很罕见的，如果一点儿没打折就实现了预定的利润，加价额（率）就等于毛利润额（率）了。”

水产部新课长：“是啊！”

店长：“所以每天都要查看一下降价损失率的数值，如果幅度变大，就要查出是什么原因导致了这种情况，并提出解决办法，这一定要引起重视。损失管理如果太过，会出现负面效应，但如果用在如何改善收益上是非常有好处的。”

水产部新课长：“明白了。”

店长：“话说回来，你们水产部门的毛利润额和毛利润率都没达到预算，以后打算怎么办？”

水产部新课长：“先上调加价率，尽量不要卖得太便宜……”

店长：“确实是这样的，降价也是要有个度的。不过售价高了，卖出去的数量就会减少，而降价损失多了，毛利润额又会下降。”

水产部新课长：“那如果少摆点儿货呢？都卖出去了，就不会有损失了。”

店长：“是一个办法。不过卖场里的货一少，毛利润率虽然会一时涨上去，但销售额减少了，毛利润额还是会跟着减少。”

水产部新课长：“那该怎么办？”

店长：“看看下面三个办法。”

·查明流通阶段发生的花费并加以控制，降低进货成本。

·提高商品的品质并重新定价，让商品的售价及加价额在合理的范围内。

·查明降价损失的原因，减少废弃损失和降价损失。

店长："这三条中，如何控制进货成本和重新定价主要是商品部门的工作。卖场能做的是活用混合毛利润及对损失进行管理，之后我会加以说明。

而损失管理中最重要的就是利用损失率将损失控制在合理范围内，并经常进行监控调整。"

对损失进行管理以改善毛利润

本章节需要记住的公式

· 损失额（日元）= 降价损失额（日元）+ 废弃损失额（日元）
· 损失率（%）= 损失额（日元）÷ 销售额（日元）× 100%
· 不明损失额（日元）= 期末账面售价库存（日元）
–期末实际售价库存（日元）
＊参照第三章“不明损失”

店长：“下表中记录了水产部门降价损失和废弃损失的实际值，从中可以看出什么？”

水产部的销售额与损失的变动情况

	一周总数	星期一	星期二	星期三	星期四	星期五	星期六	星期日
销售额（千日元）	2410	243	369	248	491	227	565	267
销售结构比（%）	100	10.1	15.3	10.3	20.4	9.4	23.4	11.1
降价损失（千日元）	289	45	41	40	38	50	34	41
废弃损失（千日元）	8	2	1.5	1	0.5	2	0.5	0.5
损失合计（千日元）	297	47.0	42.5	41.0	38.5	52.0	34.5	41.5

水产部新课长：“销售额不高的那些天损失也多。”

店长：“是的，像周五、周一这些销售额低的日子损失也增加了。如果在一周内按照平均值换算，损失率是多少？”

水产部新课长：“降价损失加上废弃损失的数值是 29.7 万日元，大约占了 12%吧？”

损失额=降价损失额+废弃损失额

=28 万 9000 日元+8000 日元=29 万 7000 日元

损失率（%）=损失额÷销售额×100%

=29 万 7000 日元÷241 万日元×100%=12.3%

店长：“对了！这个数据还在正常的范围内。对损失进行管理，就要从先查看损失率是过高还是过低入手。

只是从结论上看，12%还是非常高的数字。在水产部门，必须将损失率控制在 8%以内，需要想想办法减少损失。”

水产部新课长：“好的。”

店长：“现在能知道到底是哪块儿的货的损失多吗？”

水产部新课长：“生鱼片这类容易变质的东西折扣多，废弃的也多。上个月第一周就产生 15 万日元的损失，差不多占整个部门损失额的一半。”

店长：“我们店的生鱼片这类生食品在销售上的份额中占比很大，要想办法控制损失。如果按照 8%的损失标准进行计算，一周的损失额是多少呢？”

水产部新课长：“是 241 万×8% =19 万 3000 日元，也就是说必须将损失额控制在 19 万 3000 日元以内。”

店长：“这样一看，仅生食类食品产生的损失就占了大概整个损失的八成。而且，听说你们已经开始采取措施了？”

水产部新课长：“是的，要重新考虑一下是否更改打折的时间。”

店长：“什么意思？”

水产部新课长：“我们部门一直是不管顾客来多少，每天到了相同的时间就开始打折。不过，分析一下不同日子不同时间段的顾客数量，卖得少的星期五和卖得多的星期六，打折时间都错过了顾客数量的高峰时段。”

店长：“也就是说到现在为止，打折时一直都没有考虑过顾客数量的动向吗？”

水产部新课长：“是的。所以以后都要注意一下卖场的特点，从顾客数量开始回升到傍晚高峰的这段时间，进行促销活动。先看好人数开始增加的那个时间段，打折不能太多，先从不好卖的东西开始打折。尽可能在高峰时间段把货卖光，这样就不会产生废弃损失了。”

店长：“可以再说得详细点吗？”

星期五各时间段顾客数量比例构成

时间	10 时	11 时	12 时	13 时	14 时	15 时	16 时	17 时	18 时	19 时	20 时	合计
顾客数量（人）	38	84	101	92	63	63	80	126	117	55	21	840
结构比（%）	4.5	10	12	11	7.5	7.5	9.5	15	13.9	6.5	2.5	100
累计结构比（%）	4.5	14.5	26.5	37.5	45	52.5	62	77	90.9	97.4	100	

＊小数点后第 2 位四舍五入

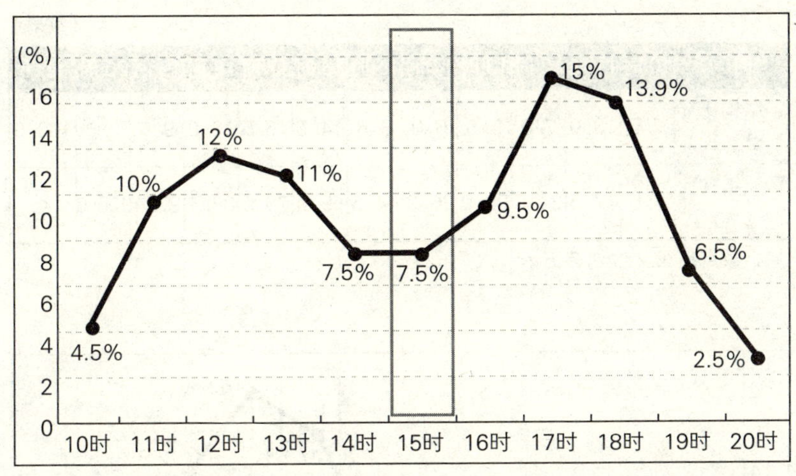

水产部新课长："上面的图表表示出了星期五各时间段顾客数量的构成比例。星期五在一个星期内所占的销售额不高，从图中可以看出，下午 3 点左右顾客数量开始回升，从早上开店起到这个时间段累计顾客数量占了全天的 52%。

周五傍晚的高峰时间段从下午 5 点开始，所以要比其他天打折的时间再早点儿，也就是说从下午 4 点就可以开始小幅度打折，高峰时段前生鱼片这类新鲜度要求高的货也少摆点儿，尽量不要产生废弃损失。"

店长："就是找好顾客数量的变化点进行打折的意思。"

星期六各时间段顾客数量比例构成

时间	10 时	11 时	12 时	13 时	14 时	15 时	16 时	17 时	18 时	19 时	20 时	合计
顾客数量（人）	143	190	133	105	114	162	275	314	246	171	47	1900

（续表）

时间	10 时	11 时	12 时	13 时	14 时	15 时	16 时	17 时	18 时	19 时	20 时	合计
结构比（%）	7. 5	10. 0	7. 0	5. 5	6. 0	8. 5	14. 5	16. 5	12. 9	9. 0	2. 5	100. 0
累计结构比（%）	7. 5	17. 5	24. 5	30. 0	36. 0	44. 5	59. 0	75. 5	88. 4	97. 4	100. 0	

＊小数点后第 2 位四舍五入

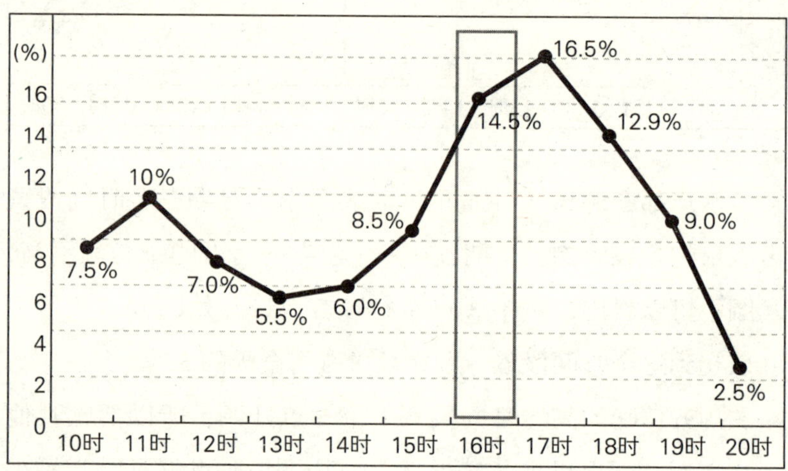

水产部新课长：“相反，从表格中可以看出星期六的销售额最大，下午 4 点开始顾客数量开始回升，从早上开店起累计来店里购物顾客数量的比例此时达到了 59%。

因为从这时候起一直到下午 5 点顾客数量都在增加，所以上的货也多。如果 5 点这个高峰时间缺货或者让人感觉货少时，就可能错失销售时机。

还有，在下午 5 点临近前就开始小幅度打折，争取在顾客急剧增加的高峰时段把货都卖光。”

店长：“嗯，不错！已经对怎样减少降价损失和机会损失的问题都考虑过了。”

水产部新课长：“尽管还需要个过程，但实际上自从采取了这种方法后，废弃损失确实减少了。我已经将降价幅度和废弃大小按照降序制作成表格，对损失大的商品重点进行管理。”

店长：“做得好！但要记住一点，像你刚才说过的，如果对损失管理过度可能会适得其反。”

水产部新课长：“这是指什么呢？”

店长：“如果总想着怎样减少打折或废弃，上货时肯定会减少上货量。摆出的货一少，在傍晚的高峰时段，卖场里就显得缺货。同时，降价损失多的生鱼片、鲜鱼等都卖得差不多了，卖场就会显得萧条。

因为上的货少，会导致销售额跟着减少，如果一直这样，虽然打折或废弃少了，但会陷入销售额随之减少的恶性循环中。”

水产部新课长：“那该怎么办好呢？”

店长：“必须对损失做好预算，不能任由损失发展，做出周密的预算才能提高预算的准确度。

要对畅销商品的降价损失做好预算。主推商品和生鱼片等生鲜类商品都允许存在某种程度的损失，否则是无法提高销售额的。”

水产部新课长：“是要做损失的预算吗？”

店长：“下面的表格是按照销售额的 8% 计算出的不同日期的生鱼片等生食类商品的损失预算和实际值。”

一周各天水产部门（生鱼片等）的损失预算与销售额

	一周总数	星期一	星期二	星期三	星期四	星期五	星期六	星期日
损失预算（千日元）	96	9.5	15	9.5	19.5	9.5	23	10
损失的实际额（千日元）	98.6	11	16	10	20	9.6	21	11
预算差异（千日元）	−2.6	−1.5	−1	−0.5	−0.5	−0.1	2	−1

店长：“将一周的损失预算额 19 万 3000 日元，按照一周内各天分别填入商品的各类范围表格里，并注明各天的销售额构成比。在分日期进行管理的同时，将累计值也算出来，争取把一周内的损失控制在预算范围内。

正像你说过的那样，自生鱼片这类生食类商品提早开始降价以来，废弃的损失的确减少了。一个月前，一周的损失值还是 15 万日元，这个月第一周的损失值只有 9 万 8600 日元，减少了 5 万 1400 日元。”

水产部新课长：“太好了！”

店长：“其实除了降价损失和废弃损失外，还有其他的损失，分别是被称为负损失的涨价额和原因不明的损失。”

损失额（日元）= 售价变动额（日元）+ 废弃损失额（日元）

= 降价额（日元）− 涨价额（日元）+ 废弃损失额（日元）

店长：“降价额减去涨价额加上废弃损失额，就可以得出损失额了。降价额指特定商品的销售价格在销售前一律改为低价，涨价额指促销后剩余的商品恢复常规时所做的售价调整。水产部门将整条鱼加工成生鱼片出售后增值的那部分就是涨价额。”

水产部新课长：“也就是说也可以利用涨价额减少损失额。”

店长：“还有就是不明原因产生的损失，不像降价和废弃损失那样明确知道是由什么原因造成的。”

水产部新课长：“不知道原因，又怎么知道有损失了呢？”

店长：“实际盘点时就知道了，计算公式如下。”

不明损失额（日元）= 期末账面售价库存（日元）− 期末实际售价库存（日元）

店长：“公式里的账面售价库存是按照账面上有多少库存乘以售价计算出来的结果。实际售价库存是在查验过盘点商品的库存数量后，利用售价算出来的合计金额。”

水产部新课长：“为什么会产生不明损失呢？”

店长：“如果所有的商品在收银台结算时都没出错，那么账面库存和盘点库存的金额应该是相同的。可一旦出现商品管理错误、收银机扫码错误或小偷偷东西的情况，实际库存的情况和账面上的就对不上了。这样产生的损失都属于不明损失。

详细情形找机会再讲，不明损失的算法主要是按照售价还原的方法得出来的，生鲜部门以外的其他部门盘点时都会碰到这种问题。”

水产部新课长：“看来损失的原因也有很多！”

店长：“最后让我们再温习一下损失是怎么回事。”

· 因为更改售价引起的损失——售价变动额（降价、涨价）

· 因为降价、废弃引起的损失——降价损失额、废弃损失额

· 原因不明引起的损失——不明损失额（盘点后发现）

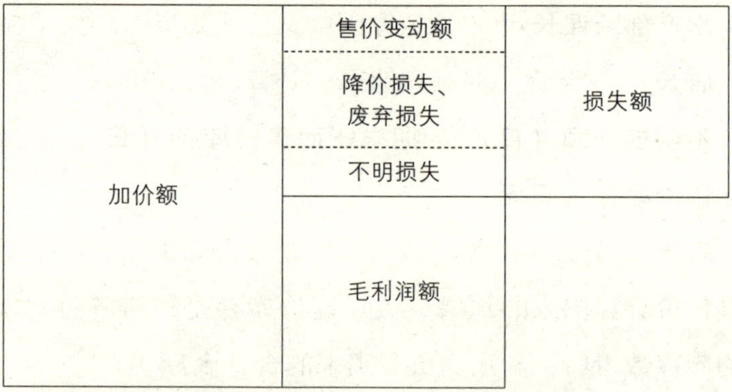

加价额

售价变动额

降价损失、
废弃损失

不明损失

毛利润额

损失额

水产部新课长：“都明白了。”

计算包含损失在内的加价率

本章节需要记住的公式

· 加价率（%）=［毛利润额（日元）+损失额（日元）］÷［销售额（日元）+损失额（日元）］×100%

=［毛利润率（%）+损失率（%）］÷［100%+损失率（%）］×100%

店长："一有损失，预定的加价就无法保证了，要想完成预定的毛利润指标，必须将损失考虑进去。来看看在毛利润上加上损失后确定加价的方法。"

水产部新课长："感觉挺难的。"

店长："如果毛利润率是25.0%，损失率是12.3%，加价率是多少呢？"

水产部新课长："毛利润率等于利润率加上损失率，也就是25%+12.3%=37.3%，对吗？"

店长："不对！这挺容易出错的，一定要记好了，将本书第37页加价率的公式分解后，是这样的。"

加价率（%）=加价额（日元）÷销售价（日元）×100%

=［毛利润额（日元）+损失额（日元）］÷［销售额（日元）+损失额（日元）］×100%

=［毛利润率（%）+损失率（%）］÷［100%+损失率（%）］×100%

店长："加价率是加价额相对于销售价所占的比例。因此，上述公式的分母部分应该是 100% + 12. 3% =112. 3%。”

· 加价率　37. 3（%）÷112. 3（%）× 100%≈33. 2%

水产部新课长：“和刚才我算的差了 4%。”

店长：“再拿成本为 100 日元的生鱼片举例子算一算。”

销售价（日元）= 进货成本（日元）÷［100% - 加价率（%）］

· 错误的算法：100÷(100%-37. 3%)≈159. 4（日元）

· 正确的算法：100÷(100%-33. 2%)≈149. 7（日元）

店长：“售价差了大约 10 日元。如果一袋差了 10 日元，可能会造成降价损失也跟着增大。”

通过成品率，确保适当的加价

本章节需要记住的公式

- 成品率（%）=销售重量（g）÷进货时的重量（g）×100%
- 算入成品率后的成本（单位价）=进货成本（单位价、日元）÷成品率（%）
- 加价率（%）=[销售价（日元）-算入成品率后的成本（日元）]÷销售价（日元）×100%

店长："负责做生鱼片的新员工现在练得怎样？根据厨师烹饪技术水平的不同，商品的外观不同，另外是否使用适量的原材料也会造成结果的不同。如果超过了正常使用的量，光凭这一点，销售成本就跟着上涨了。"

水产部新课长："还需要继续练习，慢慢地掌握技能。"

店长："加油。这关系到获利的多少，现在就给你讲一讲成品率。"

水产部新课长："好的。"

店长："我们进货时进的是整条鱼，而我们要做的是仅对鱼身的一部分进行加工，像鱼刺和鱼的内脏这些都是要扔掉的。成品率表示商品化的部分在整个部分中占了多少。

如果所有的部分都用到了，这个商品的成品率就是100%，但如果只用到了一半，另外一半都扔掉了，成品率就是50%。成品率越高，商品被利用的比例越大，加价率也会跟着增加。

例如，新手刚开始练习时，因为加工的技术不熟练，连去骨也不能很快完成吧？鱼骨上的很多肉其实都是可以剥下来卖的，但都被扔掉了。这样成品率就降低了，加价率也跟着变低。计算公式如下。”

成品率（%）= 销售重量（g）÷ 进货时的重量（g）× 100%

店长：“要定期检查成品率低的原因，对人为原因和商品本身的原因都要保持持续关注。算入成品率后的销售成本，公式是这样的。”

算入成品率后的成本（单位价）= 进货成本（单位价、日元）÷ 成品率（%）

店长：“成品率高的话，成品的成本就降低了。现在咱们实际看看成品率对加价额产生了怎样的影响。”

水产部新课长：“好的。”

店长：“冬天我们会多进些野生鰤鱼。今年汇率高，一公斤鰤鱼的进货成本大约在1000日元，我们看看加工成生鱼片卖时，用了500克鱼肉和用了450克时的差价是多少。”

· 制作500g的生鱼片时

成品率　500g ÷ 1000g × 100% = 50%

算入成品率后的成本（单位价）　1000日元 ÷ 0.5 = 2000日元

· 制作450g的生鱼片时

成品率　450g ÷ 1000g × 100% = 45%

算入成品率后的成本（单位价）　1000日元 ÷

0.45≈2222 日元

店长：“成品率仅差了 5%，每 100 克的成本就差出了 22 日元。这样一算，一盒 8 片装的生鱼片（约重 100 克）如果标价是 398 日元出售，加价率按照下面的公式计算。”

加价率（%）=［销售价（日元）-算入成品率后的成本（日元）］÷销售价（日元）×100%

·成品率为 50%时

（398 日元-200 日元）÷398 日元×100%≈49.74%

·成品率为 45%时

（398 日元-222 日元）÷398 日元×100%≈44.22%

店长：“每盒的加价额仅差了 22 日元，加价率就差出了约 5%。”

水产部新课长：“保持适当的成品率，可以提高利润。”

店长：“正是这样。熟手和生手的刀工水平不同，成品率也不同。新人不仅要赶紧熟悉怎样用刀，怎样装盒摆货，还要努力练出高超的技术水平。”

第三章

如何利用数据，提高库存的效率

利用准确的数据，加快周转速度

灵活应用数据的要点

超市都是不断地进货，不断地卖货，进而获得利润。所以，作为资产的商品库存周转的效率越高，销售额和毛利润（率）也就越高。

商品的周转速度快，资金的效率也高。进货时需要资金，资金再以商品的形态入库。如果商品的入库量和销售额取得平衡，不仅投入的资金能够获得良好的收益，资金的效率也能得到有效提升。

商品的库存情况以流动资产的形式记录在决算书的贷借对照表中。商品的入库情况包括商品的库存和储藏品等几种形式。

如果在卖场工作，注意力很容易被集中到商品的销售额上，但事实上商品的库存情况（包括商品的数据管理标准化、保证稳定的收益率等）也是非常重要的。

而要改善库存和资金的效率，通过数据运算正确评估库存和库存周转情况就显得格外重要。这类数据计算大致可分为如下三种。

·掌握库存的“量”的数据计算（库存）

·掌握库存的“质”的数据计算（周转率）

·查找库存误差的数据计算（不明损失）

提高库存效率的要点如下：

①把握盘点的次数

生鲜部门因降价损失与废弃损失较多，必须一周或两周就盘点一次。销售期限短的日配部门也应该每月盘点一两次。虽然会花费些时间，但是对准确掌握毛利润、完成销售指标都是非常重要的。

另一方面，像杂货、点心这类商品也应该每一到三个月盘点一次。利用账面库存进行盘点的月份，必须对涨价和降价做出正确的处理。

在很多无法保证适当毛利润率的店铺中都存在对盘点疏于管理的现象。

②查出库存商品的“质”与“量”

库存的“质”指库存商品中的SKU（SKU=Stock Keeping Unit，库存量单位）数。为确认仓库里卖不出去的商品是否增多，要根据需要缩小SKU，调整订货的频率或排面。

库存的“量”指库存的金额。即使是畅销品，通过适度调整SKU的单位库存量，不仅能改善资金的效率，还能减少作业量。

③拟定适当的库存标准值

生鲜、日配、熟食的各部门都必须做好降价损失和废弃损失的预算。不是单纯减少上货量，而是在保持正常上货的基础上，将损失控制在预算范围内。而杂货部门，则一定要掌握应该达到的销售额及不明损失的实际值。

另外，需要对各部门的商品周转率、商品库存天数及交叉率制订标准，并进行PDCA周期管理。

利用成本库存，获取高毛利润

本章节需要记住的公式

- 销售成本（日元）= 期初成本库存（日元）+ 期中进货成本（日元）–期末成本库存（日元）

店长："你知道我们常说的库存到底是什么意思吗？"

水产部新课长："库存就是将以销售为目的所进的货临时保存一阵的意思。如果周转效率高，就会产生利润。"

店长："那么，为什么说库存很重要呢？"

水产部新课长："嗯……"

店长："是为了定价并获取良好的毛利润。现在给你讲一下吧！"

销售成本（日元）= 期初成本库存（日元）+ 期中进货成本（日元）– 期末成本库存（日元）

店长："利用这个公式，可以得出销售成本。将期初的库存加上期中又新进的货，再减去期末剩余的库存就得出来了。这么一算，可求出期中已实现的销售额所对应的成本。"

水产部新课长："最初库存商品的成本加上新进商品的成本……还要减去剩下的库存吗？"

店长："要减的。这里要注意的是利用成本确定库存后，再求出销售成本。为了更好地理解，我们用实际的数据计算一下。"

水产部新课长：“好的。”

店长：“为了更好地计算，我们就举一个新店做例子。期中的进货成本是 500 万日元，期末的成本库存是 100 万日元，又因为是新开的店，没有存货，那么销售成本应该这么算。”

·本年度的销售成本　500 万日元－100 万日元＝400 万日元

店长：“那么，接下来的时期里，如果期中的进货成本是 300 万日元，期末的成本库存是 200 万日元，销售成本又是多少？”

水产部新课长：“上一期还剩下 100 万日元的期初成本库存，期中又进了 300 万日元的货，卖出了一些后，还剩下 200 万日元的期末成本库存……所以是 200 万日元吗？”

·下一年的销售成本　100 万日元＋300 万日元－200 万日元＝200 万日元

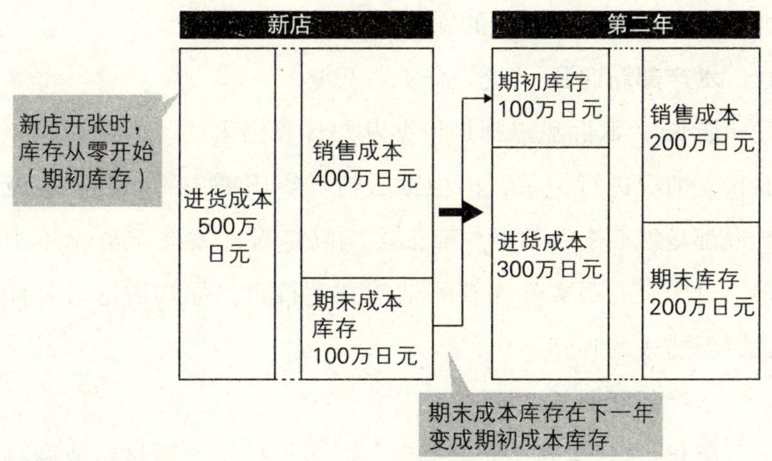

店长："是的。每年都会反复做这样的事情。"

水产部新课长："好像明白一些了。"

店长："还有一件事很重要，就是确定库存的方法。"

水产部新课长："是指盘点吗？需要定期做盘点吧?!"

店长："盘点的意思是在年末、月末或周末对库存的数量进行清点，将商品、原材料、储藏品等货物的数量和金额查清楚。

盘点的方法有两种：一种是账面盘点法，就是基于账面上的收支记录所做的账面盘点。还有一种是实际盘点，就是实际对商品的库存数量进行盘点。你说的应该是后一种方法。"

水产部新课长："是的。只是在我们部门，长时间在冷冻、冷藏库里点货，真够人受的!"

店长："可是没办法，不能不点，实际盘点非常重要！否则账面盘点和实际盘点的库存金额会经常对不上。"

水产部新课长："这是什么意思呀?"

店长："账面盘点都是根据发票计算出来的。通过对库存的收支情况进行记录，再根据数值计算出期末的库存，也就是说都是纸面上的数据。但很多实际情况在发票上显示不出来，算出来的跟实际库存的情况并不符合。你知道这又是什么原因造成的吗?"

水产部新课长："嗯……"

店长："就像废弃损失那样，很多被扔掉的原材料或商品引起的废弃损失，包括不明损失在内，在账面库存的数字上都是显示不出来的。

实际到库里一数，就会发现有一些原材料不知道到哪里去了，实际情况比账面上记录的东西要少。

也就是说，实际盘点可以按照实际的库存情况重新对账面上记录的库存情况进行确认。”

水产部新课长：“这么一来，当有原材料废弃时，实际盘点的金额会比账面盘点的金额少。”

店长：“那是肯定的，结果还会对毛利润造成影响。通过实际盘点，如果发现期末成本库存减少，就会使销售成本上涨。而销售成本一涨，毛利润就少了。”

水产部新课长：“对库存的评估原来会直接影响到毛利润！”

店长：“再看看刚才的例子，在进行实际盘点后，成本库存变成了100万日元，销售额变成了500万日元。”

·账面盘点时

销售成本　100万日元+300万日元-200万日元=200万日元

利润额　500万日元-200万日元=300万日元

·实际盘点时

销售成本　100万日元+300万日元-100万日元=300万日元

利润额　500万日元-300万日元=200万日元

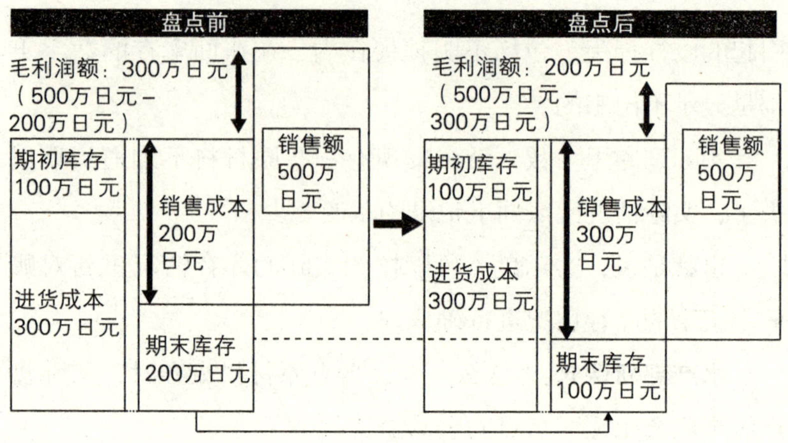

水产部新课长："真是这样！因为实际盘点时发现库存少了 100 万日元，销售成本就增加了 100 万日元，变成了 300 万日元。结果造成实际盘点后的毛利润额减少了 100 万日元，变成了 200 万日元。"

店长："所以通过盘点定期对期末成本库存进行确认，可以让店铺准确地掌握收益情况。"

水产部新课长："降价损失也会影响到库存吗？"

店长："和从账面上看不出废弃损失有所不同，降价损失被算作销售额减少的额度。而实际盘点时库存并没有减少，所以销售成本不变，毛利润额减少的额度就是销售额减少的那部分。"

水产部新课长："明白了。"

店长："评价生鲜三个部门库存金额用到的都是最终进货成本法，因为商品周转快，用所进商品余量的进货成本乘以库存数量，得到的就是期末库存的金额。"

根据售价库存，简单地对库存情况进行评估

本章节需要记住的公式

- 期末成本库存（日元）= 期末售价库存（日元）× 成本率（%）
- 成本率（%）= 成本（日元）÷ 售价（日元）× 100%
  =［期初成本库存（日元）+ 期中进货成本（日元）］÷［销售额（日元）+期末售价库存（日元）］× 100%

水产部新课长："生鲜以外的其他部门的库存评估方法不一样吗？"

店长："不一样。像杂货等部门都是根据售价进行库存评估的。因为商品的品种多，所以价格的变动也很大。

例如，杂货部门的 SKU 数在 2000—3000。而水产部门的 SKU 数顶多在 200—300，所以杂货部门的 SKU 大约是水产部门的 10 倍。而且杂货特价促销的条件和其他部门不同，进货成本也会跟着变化。

可是如果商品的种类数目庞大，要清点库存数量，再按照进货成本确定金额，店里人员的负担就太大了。"

水产部新课长："那么不用进货成本又怎么能确定库存情况呢？"

店长："生鲜以外的部门都是以售价为基础对商品进行盘点，算出售价库存的数值，再乘以部门的成本率，得出成本

库存的数值。这种方法被称为售价还原法。”

期末成本库存（日元）= 期末售价库存（日元）× 成本率（%）

店长：“实际上，利用终端读取印在价签上的条形码的价格信息，再乘以库存数量就可以求出来了。”

水产部新课长：“原来是这样的。”

店长：“接着再用成本率乘以期末售价库存，就能求出期末的成本库存，然后和生鲜部门一样，可以算出销售成本。”

水产部新课长：“还是有一点我不太明白，成本率是怎么算出来的？我想计算销售成本，却不知道成本率。”

店长：“成本率 = 成本 ÷ 售价 × 100%，试着把值代进去看看。”

成本率（%）= 成本（日元）÷ 售价（日元）× 100%

=[期初成本库存（日元）+ 期中进货成本（日元）]÷[销售额（日元）+ 期末售价库存［日元）]× 100%

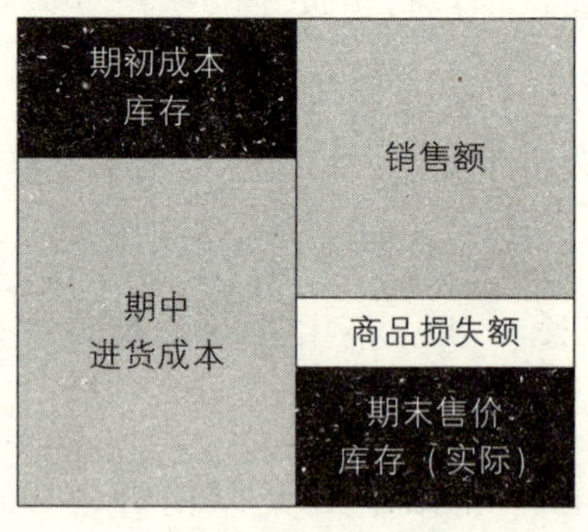

店长：“期初成本库存加上进货成本相当于成本，可以作

为分子。销售额加上实际的期末售价库存相当于售价，作为分母。虽然分母如果用期初售价库存加上期中销售价表示更易与作为分子的成本相对应，但按照税法的要求，是要用销售额加上期末售价库存计算的。”

水产部新课长：“这样就求出了成本率，期中的进货成本也可以从进货发票的合计金额中看出来。”

店长：“并且，如果利用售价还原法计算，当出现打折、降价及废弃等损失时，分母的销售额就会缩小，成本率就会变高。因此，一定要对打折、降价及废弃损失及时做好记录，以便随时查验。”

水产部新课长：“不进行盘点的月份该怎么算呢？”

店长：“不盘点的月份就按照账面上的期末售价库存进行计算。盘点本身也要花费很多人力和物力。”

根据售价还原法确定利润的步骤

步骤	实施内容	计算公式
1	盘点时按照销售价格计算，求出期末售价库存	
2	求出成本率	成本率＝（期初成本库存+期中进货成本）÷（销售额+期末售价库存）×100%
3	由成本率求出期末成本库存	期末成本库存＝期末售价库存×成本率
4	由期末成本库存求出销售成本	销售成本（日元）＝期初成本库存+期中进货成本–期末成本库存
5	由销售成本求出毛利润额	毛利润额＝销售额–销售成本

店长：“具体来看一下，杂货部门 5 月份的销售额是 966 万日元。期初成本库存是 193 万 2000 日元，期中进货成本是 917 万 6000 日元。并且，从实际盘点的结果来看，期末售价库存是 422 万 5000 日元。”

原价

期初成本库存
193万2000日元

期中进货成本
917万6000日元

销售成本
772万8000日元

盘点成本库存
338万日元

毛利润率20%
毛利润额193万2000日元

销售价格

销售额
966万日元

期末售价库存
（实际）
422万5000日元

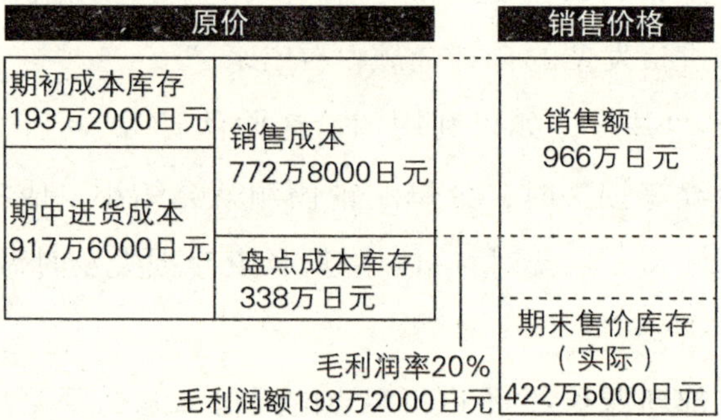

·成本 193 万 2000 日元+917 万 6000 日元=1110 万 8000 日元

·销售价格　966 万日元+422 万 5000 日元=1388 万 5000 日元

·成本率　1110 万 8000 日元÷1388 万 5000 日元×100%=80%

水产部新课长：“要将所有的库存都卖出去，才能实现这个数字！”

店长：“接下来算一下期末的成本库存。”

·期末成本库存　422 万 5000 日元×80%=338 万日元

店长：“那么销售成本要这样算。”

·销售成本　193 万 2000 日元+917 万 6000 日元-338

万日元=772 万 8000 日元

店长:“知道了销售成本，毛利润和毛利润率也就都能算出来了。”

·毛利润额 966 万日元－772 万 8000 日元＝193 万 2000 日元

·毛利润率 193 万 2000 日元 ÷ 966 万日元 × 100%＝20%

水产部新课长:“终于明白了!”

不能放过“不明损失”

本章节需要记住的公式

- 应有销售额（日元）= 期初售价库存（日元）+ 期中销售价（日元）–售价变动额（日元）– 期末售价库存额（元、实际）
- 不明损失额（日元）= 应有销售额（日元）– 销售额（日元）=期末售价库存（日元、账面）– 期末售价库存（日元、实际）

店长：“前面就损失的问题讲过一些，还提到过有一种不明损失，还记得吗？”

水产部新课长：“就是指找不到原因的不明损失。您确实也说过不明损失主要是商品管理、收银登记错误、小偷等原因造成的。”

店长：“是的。准确来说，账面库存和实际盘点库存的差就是不明损失，计算机算出来的库存金额与实际的金额有差异。即使是一般的食品超市，也都存在 0.9% 左右的不明损失。也就是说，销售额在 100 亿日元时，不明损失的金额会达到 9000 万日元。”

水产部新课长：“这么严重！”

店长：“要想深入了解不明损失，先要考虑应有销售额。”

水产部新课长：“还是没太听明白。”

店长：“应有销售额就是应该实现的销售额。计算方法如下。”

**应有销售额（日元）= 期初售价库存（日元）+ 期中销

售价（日元）－售价变动额（日元）－期末售价库存（日元、实际）

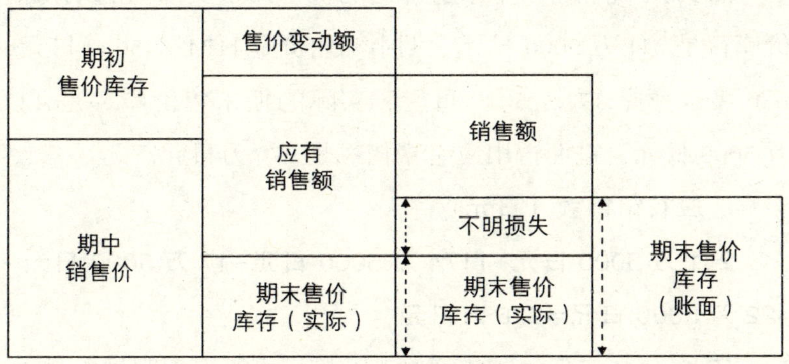

①将上一期实际盘点的库存按照期初售价库存，期中进货的库存按照期中销售价计算。

②将售价变动额（降价额度、涨价额度）记录在发票上。废弃额也要在损失账上做好记录。

③根据实际盘点计算期末售价库存。

④期初售价库存加上期中销售价，再减去售价变动额和期末售价库存，求出应有的销售额。

店长：“如果没有不明损失，实际销售额就应该和应有销售额一致。”

水产部新课长：“也就是说，不明损失就是应有销售额和实际销售额的差值。”

店长：“说得对，还和账面库存与盘点库存的差值相等。”

不明损失额（日元）＝应有销售额（日元）－销售额（日元）

=期末售价库存（日元、账面）-期末售价库存（日元、实际）

店长："现在看一下杂货部门的例子。杂货部门的期初售价库存是241万5000日元，期中销售价是1174万5000日元，售价变动额是17万5000日元，实际的期末售价库存是422万5000日元，进而得出应有销售额是976万日元。"

·应有销售额（日元）

241万5000日元+1174万5000日元-17万5000日元-422万5000日元=976万日元

店长："从实际的销售额966万日元可算出不明损失是10万日元。"

不明损失额　976万日元-966万日元=10万日元

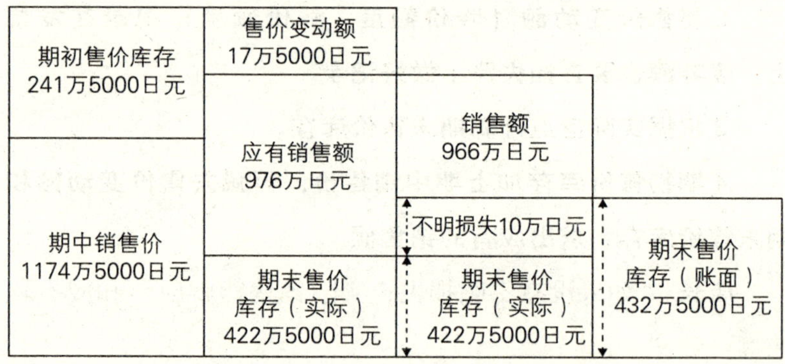

店长："导致不明损失发生的原因可能是被偷窃，有时也可能是忘记开发票。所以一定不要忘记在发票上记好涨价和降价的金额。"

水产部新课长："工作一忙，就很容易把开发票的事忘了。所以必须制订开发票的规矩。”

店长：“有无不明损失关系到期末库存的增减问题，必须加以重视。其结果还会对销售成本和毛利润造成影响。”

水产部新课长：“会有那么大的影响吗？”

店长：“咱们再回头看看杂货部门的实际案例。该部门出现了 10 万日元的不明损失。”

·账面库存为 432 万 5000 日元时

成本率　（193 万 2000 日元+917 万 6000 日元）÷（966 万日元+432 万 5000 日元）×100%≈79.4%

期末成本库存　432 万 5000 日元×79.4%=343 万 4050 日元

销售成本　193 万 2000 日元+917 万 6000 日元−343 万 4050 日元=767 万 3950 日元

毛利润额　966 万日元−767 万 3950 日元=198 万 6050 日元

毛利润率　198 万 6050 日元÷966 万日元×100%≈20.6%

·实际盘点库存为 422 万 5000 日元时

成本率　（193 万 2000 日元+917 万 6000 日元）÷（966 万日元+422 万 5000 日元）×100%=80.0%

期末成本库存　422 万 5000 日元×80%=338 万日元

销售成本　193 万 2000 日元+917 万 6000 日元−338 万日元=772 万 8000 日元

毛利润额 966 万日元−772 万 8000 日元=193 万 2000 日元

毛利润率 193 万 2000 日元 ÷ 966 万日元 × 100% =20.0%

店长："账面库存和实际盘点库存一比较，会发现毛利润率出现了 0.6% 的差值。其实你们在实体店工作的人会觉得要想保证毛利润率是件很难的事情，可现在市场竞争这么激烈，各店都在尽可能降价以吸引顾客，所以即使是 0.1% 的差值，差别也是非常大的。"

水产部新课长："我明白。"

店长："此外必须注意的是确定没有进行实际盘点的月份的毛利润的问题。3 月和 4 月都是按照账面库存算出的毛利润，因为没有实施实际盘点，所以要注意对降价品和废弃品发票的处理。

如果降价货品的发票比实际的少，账面库存就会增加，算出的毛利润也会多。而相反，降价货品的发票如果比实际多，账面库存就会减少，算出的毛利润也会减少。"

水产部新课长："知道了，一定要重视对没有进行实际盘点月份的发票的处理。"

店长："对！否则会在盘点月按照不明损失处理，毛利润率会随之改变，进而对收益情况造成影响。"

利用商品周转率，查看库存的品质

本章节需要记住的公式

- 商品周转率（次）=销售额（日元）÷平均售价库存（日元）
  =销售成本（日元）÷平均成本库存（日元）
  =销售数量（个）÷平均商品库存数量（个）
- 平均售价库存（日元）=[期初售价库存（日元）
  +期末售价库存（日元）]÷2

店长："你知道食品超市和便利店的区别吗？"

水产部新课长："便利店不卖生鲜食品。"

店长："是的，还有其他的区别吗？"

水产部新课长："便利店占地小，规模不大。"

店长："说的都对，不过销售额可绝不小。大型连锁便利店一个店大概只占 40 坪（日本度量衡的面积单位。1 坪合 3.3057 平方米），每月的交易额就能达到 1500 万日元。想过他们的销售额为什么能那么高吗？"

水产部新课长："嗯……"

店长："是商品周转非常快的缘故。"

水产部新课长："商品的周转？"

店长："要想提高卖场的销售额，方法之一就是尽快将商品卖出。商品卖完后，马上进新货，这个过程反复进行，销售额就增加了。我们将能够表现出商品销售的效率并能即时表现出商品库存情况的算法称为商品周转率。"

水产部新课长：“要怎么计算呢？”

店长：“表示在一定时期（一年或一个月）内商品周转的次数。”

商品周转率（次）= 销售额（日元）÷ 平均售价库存（日元）

平均售价库存（日元）=［期初售价库存（日元）+ 期末售价库存（日元）］÷ 2

店长：“作为分子的销售额以年为单位时按照年交易额、以月为单位时按照月交易额计算。平均售价库存作为分母时，指该时期内售价库存的平均值，将期初售价库存与期末售价库存合计再除以 2 计算得出。”

水产部新课长：“那用成本库存也能计算出来吗？”

店长：“可以。很多时候都用销售额来计算，但也有用成本和数量来计算的时候。”

商品周转率（次）= 销售成本（日元）÷ 平均成本库存（日元）

= 销售数量（个）÷ 平均商品库存数量（个）

水产部新课长：“有什么区别？”

店长：“结果虽然相同，但用数量求出的商品周转率是利用同类物品或单品的标准进行计算，在对排面数等进行管理时会用到。”

水产部新课长：“有什么办法可以提高商品的周转率吗？”

店长：“由计算公式可以想出以下四种情形。”

①即使平均库存减少，销售额不变或增加时

②平均库存增加，且销售额增加时

③平均库存相同，销售额增加时

④平均库存减少的情况下，销售额减少或销售额减少的数额不大时

店长："可值得注意的是提高商品的周转率有利有弊。"

水产部新课长："那什么时候好，什么时候不好？"

店长："首先，先看有利的一面。

①即使从精品中削减了不好卖的商品，减少了库存，也没有对销售额造成影响，如果再引进新的商品，销售额又增加的时候，对提高周转率是非常有利的。一年一到两次的商品变动，就属于这种情况。

②扩大卖场面积、大幅增加商品的种类，会增加商品的库存，也使得销售额增加，这是通过库存投资扩大销售额和收益。"

水产部新课长："那么什么时候不好？"

店长："③是通过加强促销举措，在不增加库存的情况下，提高销售额的办法。但如果发广告和积分还原等促销活动的费用过多，尽管销售额会增加，有时也会出现收益减少的情况。

④就是缩小经济规模以保持收支平衡。可能会一时提高商品的周转率，可随着库存的减少，销售额也会跟着下降，进而使得库存进一步减少，从而陷入单纯追求经济规模缩小

的困局当中。”

水产部新课长：“看来周转率高也不一定就是好的。”

店长：“是这样的。虽然没有对商品的周转率设限，但根据不同时期的实际情况，还是有必要对该数据进行评估的。”

利用商品的库存天数，评估生鲜的效率

本章节需要记住的公式

- 商品库存天数（天）=期间天数（天）÷商品周转率（次）
  =平均售价库存（日元）÷平均日销售额（日元）
- 合理的库存（日元）=预算销售额（日元）÷目标商品周转率（次）

店长："关于库存效率的计算，还需要记住一个，就是计算商品库存天数。"

水产部新课长："商品库存天数？"

店长："我们讲过商品周转率就是在某一段时期内，可以表示现有商品的库存周转了几次的数值，那么商品库存天数就用来显示现有商品的库存几天周转一次。因为生鲜部门商品的库存天数短，所以主要是生鲜部门会用到这个数据。"

水产部新课长："我明白了，就是说需要花多少天把库存商品卖光的意思！"

店长："说得对！就拿5月份的点心部门来做例子，销售额为655万日元，期初售价库存是200万日元，期末售价库存是243万日元。这时算出来的商品周转率是2.96次。"

·平均售价库存　（200万日元+243万日元）÷2=221万5000日元

·商品周转率　655 万日元÷221 万 5000 日元≈2.96（次）

店长：“再用这段期间的天数除以商品周转率就求出了商品的库存天数。”

商品库存天数（天）= 期间天数（天）÷ 商品周转率（次）

= 31 天÷2.96 次≈10.5 天

水产部新课长：“大概是 10.5 天。要想将库存的点心全都卖完大概要花 10.5 天。”

店长：“还有别的方法，就是用现有的售价库存（平均售价库存）除以平均一天的销售额（平均日交易额）算出需要花费几天。”

商品库存天数（天）= 平均售价库存（日元）÷ 平均销售额（日元）

= 221 万 5000 日元÷21 万 1000 日元≈10.5 天

＊平均日销售额 = 655 万日元÷31 天≈21 万 1000 日元

水产部新课长：“都是十天半！”

店长：“要重视对商品周转率和库存天数的评估！如果商品周转率上升，商品的进货出货速度加快，对商品投资的资金也会很快得到回收。可如果速度过快或过慢，又会引起以下问题。”

商品周转率过度的问题点

商品周转率过快	商品周转率过慢
订货频率增加	资金运转不灵
补充货品的频率增加	商品的新鲜度降低
仓库库存增加	须花费库存维护费
容易断货	难进新货
卖场杂乱	出现打折、降价、废弃损失

水产部新课长："不管是过快或过慢都不太好！"

店长："正是因为这样，才一定要考虑好库存多少才会让商品的周转速度最合适。"

水产部新课长："什么样的库存才是最合适的呢？"

店长："关键是设定好商品周转率的目标值。这个值在各企业各部门都不相同，当然生鲜部门和熟食部门会高些，其他部门的会低些。"

合理的库存（日元）= 预算销售额（日元）÷ 目标商品周转率（次）

店长："点心部门的预算销售额是 713 万日元，商品周转率的目标定为 3.1 次，相应的库存按以下公式计算。"

·合理的库存　713 万日元 ÷ 3.1 次 = 230 万日元

店长："点心部门合理的库存为 230 万日元，据此，和销售额与库存有关的预算，以及和目标的差值可按下式计算。"

·销售预算完成率　655 万日元 ÷ 713 万日元 × 100% ≈ 91.9%

·目标库存–实际库存　230 万日元–221 万 5000 日元 = 8.5 万日元

·目标库存天数–实际库存天数　10 天–10.5 天 = –0.5 天

*** 目标库存天数 = 期间天数 ÷ 目标商品周转率　31 日 ÷ 3.1 次 = 10 天**

店长：“现实情况是没有完成预算目标，而且库存本身的售价也少了 8.5 万日元。”

水产部新课长：“看来真的不是库存越少越好，还是需要足够的库存量，才能完成预算的销售额。”

店长：“就是这个意思。”

利用交叉率，提高商品的生产率

本章节需要记住的公式

· 交叉率（%）=毛利润率（%）×商品周转率（次）
=[毛利润额（日元）÷销售额（日元）×100%]×[销售额（日元）÷平均售价库存（日元）]
=毛利润额（日元）÷平均售价库存（日元）×100%

店长：“你对商品的价格是怎么考虑的？”

水产部新课长：“我想想。这个问题比较难！如果考虑到和别的店之间的竞争，定价至少也得和其他店相同，但这么一来，就很难确保毛利润了。但如果一味地追求价格，专门卖高档品，商品的流通又会减缓。想要取得平衡真的挺难的。”

店长：“是的！如果不能在价格上取得平衡，就无法跟别的店竞争，收益也是很难保证的。

不过这些想法可以利用交叉率将毛利润和库存效率表示出来。”

水产部新课长：“交叉率又是什么？”

交叉率（%）=毛利润率（%）×商品周转率（次）

店长：“从上面的公式可以看出，交叉率是某个范围内商品的毛利润率与周转率的乘积。毛利润率表示了商品的收益率，周转率表示了商品库存的状况，如果毛利润率高而周转率低，收益不会像毛利润率表现的那样高。而如果毛利润率低而周转率高，反而可能有很好的收益（薄利多销）。因此交叉率可以被看作考量两种情况的指标。交叉率高，则商品的生产率高。”

水产部新课长：“商品的生产率？”

店长：“是的，之所以被称作商品的生产率，是因为它可以根据商品的收益性和周转速度表现出实现的利润。

刚才的公式还能用毛利润额除以平均售价库存的形式表示出来。”

交叉率（%）=［毛利润额（日元）÷销售额（日元）×100%］×［销售额（日元）÷平均售价库存（日元）］

=毛利润额（日元）÷平均售价库存（日元）×100%

水产部新课长：“实际工作中要怎么用？”

店长：“举个例子吧，像杂货部门的饮料、杯装方便面、普通调味料价格低，卖得多，一般可以利用每天的特价活动薄利多销。

而像特色商品，即使价钱便宜，销量也不易增加，一般采用高毛利润、低周转率的销售方式进行销售。

我们将因价格的变化引起的销售量的变化称为“价格弹性”，因价格变化引起销量变化大时称为‘价格弹性高’，相反变化小时称为‘价格弹性低’。

交叉率是为了提高生产率，是在商讨毛利润率和商品周转率时起到重要作用的数值。”

水产部新课长：“您能再详细给我讲讲吗？”

店长："嗯，好的。杂货部门做的预算是毛利润率 20%，商品周转率每月 2 次，这时的目标交叉率就是 20% × 2 次 = 40%。要想达到这个预定的数值，就要设定好适当的毛利润率和商品周转率。如下所示。"

· 价格弹性高的商品（薄利多销型）

10%×4 次=40%

· 价格弹性低的商品（高毛利润、低周转型）

35%×1. 1 次=38. 5%

· 其他　25%×1. 6 次=40%

水产部新课长："原来是这么回事，分组考虑就清楚了，像这样分成三个组，接近目标值。"

店长："是的，尽管有许多种不同的组合方案，不过还是需要慎重考虑。而且商品的销售构成比不同，毛利润率也会跟着变化，这点需要注意。"

水产部新课长："好的。"

第四章

如何利用数据，对人工费进行管理

将劳动时间控制在合理的范围内

灵活应用数据的要点

要想将人工成本控制在合理的范围内，就必须正确掌握工作人员数量及从业人员的劳动时间。这时要用到三种数据计算，分别是用于正确掌握每小时劳动单价的数据计算、提高人工效率的数据计算和从经营的角度评估人工费的数据计算。

灵活应用这些数据计算的要点如下。

通过管理兼职员工比率，将人工费控制在合理的范围之内

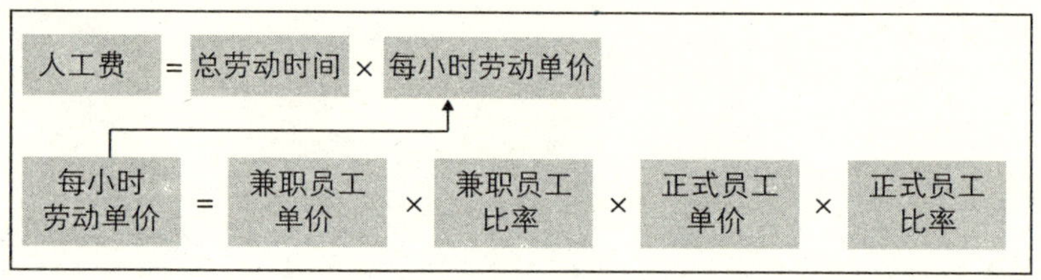

用“总劳动时间×每小时劳动单价（按时间计算）”的公式可求出人工费。所以，想节省人工成本，需要减少总劳动时间数或降低每小时劳动单价的费用。但无论是哪种情况，都要注意提高兼职员工比率。

兼职员工比率指兼职员工的劳动时间在总劳动时间中所占的比例，用百分比表示。食品超市属于劳动密集性强的行

业，对兼职员工的依赖程度高，所以不少企业的兼职员工比例超过了七成。那么兼职员工比例大又和改善人工成本有什么关系呢？

首先，兼职员工的单价要比正式员工低，通过提高兼职员工比例，降低所有从业人员的每小时劳动单价。

另一个原因是可以对时间进行彻底的管理。

正式员工的工作时间一般被定为每天 8 小时，兼职员工一般是每天 7 或 4 小时，并且可根据工作需要随时作出调整，所以利于减少浪费、分配不均匀和超负荷劳动。

利用人工费率，评估经营负担

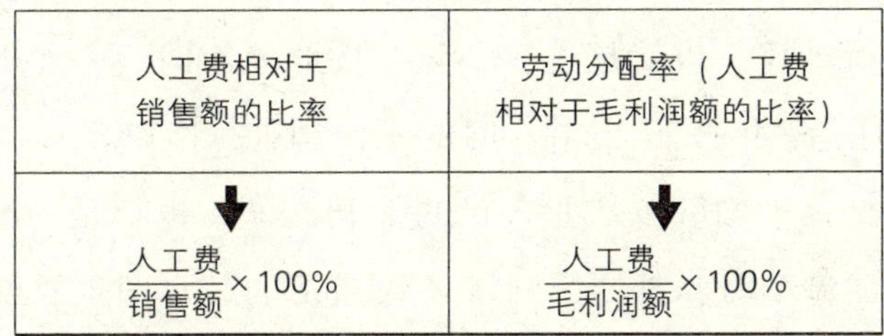

人工费相对于销售额的比率	劳动分配率（人工费相对于毛利润额的比率）
↓ $\frac{人工费}{销售额}\times 100\%$	↓ $\frac{人工费}{毛利润额}\times 100\%$

用于从经营的角度评价人工成本的数据计算分别表示出了人工成本在销售额和毛利润额中所占的比例，分别是销售额与人工成本的比率和劳动分配率。利用这些数据计算，可对人工成本进行相应的评估和分析。

在经营店铺时，一般都会希望将相对于销售额的人工费比率控制在 10% 以内，而劳动分配率被控制在 40% 以内。

无论是哪种数据计算，数额越小都意味着人工成本的效率越高。

店长和店员都可以参照这个标准，查看人工费相对销售额所占的比率、劳动分配率的数值变化情况，当出现异常数值时，查明原因并寻找对策加以解决。

准确计算出从业人员的数量，提高员工的工作效率

想准确计算出人工的效率，就必须准确掌握从业人员的数量和配置的劳动时间。

例如，当计算平均每人的销售额时，就不能用从业人员的数量进行计算，而是用按照正式员工的劳动时间换算出的人数进行计算。也就是说，一天要按照 8 小时、一个月按照 176 小时、一年按照 2000 小时的工作制进行换算。

在计算平均每位从业人员的毛利润额，也就是一般所说的劳动生产率时，都要用到按正式员工的劳动时间换算后的人数。

另外，劳动时间销售额和劳动时间生产率也都是用来评估人工效率的依据。劳动时间销售额指平均每小时劳动时间的销售额。劳动时间生产率指相同条件下的毛利润额。

店铺中，通常每年会给兼职员工按照平均每人每小时的人工成本（按时间计算）的标准定期加薪，因此也对劳动时间生产率提出了更高的要求。

制订劳动时间销售额指标，对人工成本进行管理

投入劳动时间=预算销售额÷劳动时间销售额目标，投入劳动时间=预算毛利润额÷劳动时间生产率目标，利用上述公式，可计算出应投入的劳动时间（总劳动时间），并将人工费控制在预算范围内。要控制预算销售额、预算毛利润额及人工费，就必须对劳动时间进行有效的管理，具体表现在对兼职员工工作时间的安排、节假日管理等具体事务中。

劳动时间销售额与劳动时间生产率

	销售额	毛利润额
・每名从业人员 （用规定的劳动时间进行换算，单位是每人） 规定的劳动时间指一年2000小时；每月176小时；每天8小时	平均每名从业人员的销售额（所规定劳动时间的销售额） $=\frac{销售额}{从业人数}$	平均每名从业人数的毛利润额（所规定劳动时间的毛利润额） $=\frac{毛利润额}{从业人数}$
・每人每小时 （每小时工作时间）	↓ 平均每位从业人员的销售额除以规定的劳动时间等于平均每人每小时的销售额 每小时劳动销售额 $=\frac{销售额}{劳动时间（总劳动时间）}$	↓ 平均每位从业人员的毛利润额除以规定的劳动时间等于平均每人每小时的生产率 每小时劳动生产率 $=\frac{毛利润额}{劳动时间（总劳动时间）}$

用8小时换算制求出从业人员数量

本章节需要记住的公式

- 兼职员工的人数（人）=兼职员工的总工作时间（小时）÷正式员工被规定的工作时间（小时）
- 从业人员数量（人）=正式员工的人数（人）+兼职员工的人数（人）
- 兼职员工比率（%）=兼职员工的总工作时间（小时）÷总工作时间（小时）×100%

店长："对了，经营店铺时，花费最大的地方是什么，知道吗？"

水产部新课长："水电费？杂费？我知道了！是我们的工资！"

店长："答对了，是人工成本。也可以说是发给正式员工和非正式员工的工资。这个数额相当大，大约占了所有经费的一半。"

水产部新课长："那这么一说，要想节约经费，要先从人工成本着手了？"

店长："是的，从最大的金额入手，对改善收益的影响也最大。但同时要注意的一点是对人工费的调整一定要慎之又慎。"

水产部新课长："为什么？"

店长："要节约人工费，一个办法就是对兼职员工的劳动时间及正式员工的额外加班等都进行彻底的管理，但结果可能会造成对顾客的服务跟不上、制作现场的速度跟不上等不良影响，进而影响到销售额。所以一定要事先做好规划，究竟从何处开始进行控制，或者怎样对工作体制或流程进行改革。”

水产部新课长：“这么说如果光想着怎样节省成本，结果未必有效。”

店长：“确实是这样的。咱们先看看工作人员的数量。”

水产部新课长：“工作人员的数量吗？”

店长：“你说说看，包括兼职员工在内，水产部门现在有多少人？”

水产部新课长：“正式员工 3 人，兼职员工 3 人，一共是 6 人。”

店长：“那么我问你，兼职员工的人数怎么算？”

水产部新课长：“不是实际上班的兼职员工的人数吗？”

店长：“那个人数指的是已经聘用的人数。在零售这种劳动密集型行业，必须准确算出兼职员工的人数。举个例子吧，有 7 人工作了 3 小时和有 3 人工作了 7 小时，劳动时间虽然相同，人数可完全不一样。”

水产部新课长：“那应该怎么算？”

店长：“我再问你一下，你知道现有兼职员工的劳动时间和人数吗？”

水产部新课长：“一共招了 3 人，有 1 人一天工作 7 小时，另外 2 人一天工作 5 小时。”

店长："所以你认为包括正式员工在内，总共有 6 人？"

水产部新课长："是的。"

店长："零售行业的员工数量都是按照正式员工被规定的劳动时间换算出来的，对兼职员工数量的计算也采用这个方法。

按照规定，水产部门雇用的正式员工有 3 人，劳动时间是每天 8 小时，而兼职员工的人数是要先算出 3 人总的工作时间，再除以正式员工被规定的劳动时间才能得出来。"

·兼职员工的人数（人）= 兼职员工的总工作时间（小时）÷ 正式员工被规定的工作时间（小时）

=［（7 小时 × 1 人）+（5 小时 × 2 人）］÷ 8 小时 ≈ 2.1 人

店长："算出来的结果是兼职员工的人数是 2.1 人。与正式员工的 3 人相加，水产部门的从业人员数则是 5.1 人。"

水产部新课长："原来一天是要按照 8 小时的劳动时间计算呀！"

店长："对，就是这样算。"

水产部新课长："那么一个月或一年的劳动时间是怎么规定的呢？"

店长："公司不同，但一般都会采用一个月 22 天工作日、一年出勤 250 天的工作制。"

·工作人员每人每月的劳动时间　8 小时 × 22 天 = 176 小时

·工作人员每人每年的劳动时间　8 小时×250 天=2000 小时

店长："现在就根据下表中水产部门 6 月份的实际情况来计算一下水产部门的从业人员数。"

水产部门 6 月份的工作时间

雇用形态	合同规定的工作时间（小时）	在职人数（人）	当月的工作时间（小时）
正式员工	8	3	572
兼职员工	7	1	154
	5	2	220

店长："首先需要注意的是正式员工的工作时间。"

水产部新课长："不是已经知道是 3 人了吗？为什么还要看工作时间？"

店长："再好好看看一个月的工作时间。是 572 小时吧？按照前面所说的，平均每位员工的月劳动时间是 176 小时的话，3 人就应该是 528 小时。这一下就多出了 44 小时。知道这是什么原因吗？"

水产部新课长："是因为存在规定时间外的附加劳动吗？"

店长："是的。这时正式员工的规定时间外的劳动时间就要和兼职员工的工作时间一起算了。"

·兼职员工的人数（人）（包含正式员工在规定工作时间

外的劳动）

（154 小时+220 小时+44 小时）÷176 小时≈2. 38 人

从业人员数量（人）= 正式员工的人数（人）+ 兼职员工的人数（人）= 3 人+2. 38 人≈5. 38 人

店长："看一看正式员工和兼职员工的员工数量，就能明白兼职员工也是非常重要的了吧！以前都是以正式员工为主，现在很多时候都会尽量雇用一些家庭主妇和学生做兼职员工。因为来店购物的顾客大多是家庭主妇，通过雇用一些家庭主妇，还能更好地了解客户的需求，且能够适当地控制人工成本。所以我们要创造一些利于兼职员工的条件，还可以将一些正式员工的工作交给兼职员工去做，不过这个度一定要把握好。"

水产部新课长："懂了。"

店长："不过也可以用下列的公式表示出兼职员工在店铺运营中所占的比重。就是计算出劳动时间所占的比例，并用百分比表示。"

兼职员工比率（%）= 兼职员工的总工作时间（小时）÷总工作时间（小时）×100%

店长："这么一算，水产部门的兼职员工的比率是多少？"

水产部新课长："兼职员工的总工作时间是 374 小时，算出来的数是 39. 5%。"

374 小时 ÷（572 小时＋154 小时＋220 小时）× 100% =39. 5%

店长：“没错，占了大概四成的比例。水产部门对加工生鱼片等水产品的技术水平要求很高，雇用兼职员工的比例就要相对低一些。在很多都是简单的重复性劳动的部门，雇用兼职员工的比例会变高。”

通过提高单位劳动时间销售额，提高人员的效率

本章节需要记住的公式

- 平均每位从业人员的销售额（日元）= 销售额（日元）÷ 从业人员数（人）
- 平均每位从业人员的毛利润额（日元）= 毛利润额（日元）÷ 从业人员数（人）
- 单位劳动时间销售额（日元）= 销售额（日元）÷ 总劳动时间（小时）
- 单位劳动时间生产率（日元）= 毛利润额（日元）÷ 总劳动时间（小时）
  = 单位劳动时间销售额（日元）× 毛利润率（%）

店长："A 部门有 3 位工作人员，月销售额为 1000 万日元，B 部门有 5 人，月销售额为 1500 万日元，你认为哪个部门运营得好？"

水产部新课长："虽说用的人多点儿，但销售额也多，应该是 B 部门经营得更好吧？"

店长："确实从销售额来看是 B 部门的多，但如果从单位效率来看，其实是 A 部门做得更好。不信你算算平均每人的销售额，按照正式员工的标准算出的平均每人的销售额。"

· 平均每位从业人员的销售额（日元）= 销售额（日元）÷ 从业人员数（人）

· A 部门：　1000 万日元 ÷ 3 人 ≈ 333 万日元

· B 部门：　1500 万日元 ÷ 5 人 = 300 万日元

水产部新课长："真的！月销售额虽然看起来少一些，A 部门平均每人的销售额差不多要比 B 部门的高出一成！"

店长："评估员工效率的计算方法，除了可以计算出平均每位工作人员的销售额，还可以用销售额或毛利润额算出工作人员的工作效率。"

平均每位从业人员的毛利润额（日元）= 毛利润额（日元）÷ 从业人员数（人）

· 单位劳动时间销售额（日元）= 销售额（日元）÷ 总劳动时间（小时）

· 单位劳动时间生产率（日元）= 毛利润额（日元）÷ 总劳动时间（小时）

= 单位劳动时间销售额（日元）× 毛利润率（%）

店长："平均每位工作人员的毛利润额还被称作劳动生产率，可以表现出平均每位工作人员对公司的贡献度。如果按月计算，就是每 176 小时的毛利润额。从本书第 99 页水产部门 6 月份的业绩情况中得出的平均每位从业人员的销售额和毛利润额分别是多少？"

水产部新课长："6 月份的销售额是 1020 万日元，毛利润额是 280 万日元……算出来的平均每人的销售额和毛利润额分别是 189 万 6000 日元和 52 万日元。"

· 平均每位从业人员的销售额（日元）　1020 万日元 ÷ 5. 38 人 ≈ 189 万 6000 日元

· 平均每位从业人员的毛利润额（日元）　280 万日元 ÷ 5. 38 人 ≈ 52 万日元

店长："没错。"

水产部新课长：“也就是说是以劳动时间为单位来评估销售额和毛利润额吗？”

店长：“是的。单位劳动时间销售额就是每小时劳动时间所创的销售额，单位劳动时间生产率是指每小时劳动时间所获得的毛利润额。”

水产部新课长：“分得很细致啊！”

店长：“我刚才讲过蔬果和日配这些部门的兼职员工在总劳动时间中所占的比例越来越高，兼职员工的比例都达到了约九成了吧！兼职员工中好多人被安排的时间很短，所以只有计算出每小时的劳动成果才能准确地评估现状。”

水产部新课长：“算出的结果什么时候才能派上用场呢？”

店长：“在做好销售预算的基础上，要计算出相应的劳动时间时就会用到单位劳动时间销售额。例如，要想完成一天的销售预算，利用该公司制定的单位劳动时间销售额标准，就能计算出应投入的劳动时间（总劳动时间）。”

水产部新课长：“应该怎么算？”

店长：“像前面一样，先根据六月份的实际效益计算出单位劳动时间销售额和单位劳动时间生产率。”

·单位劳动时间销售额　1020 万日元 ÷ 946 小时 ≈ 1 万 782 日元

·单位劳动时间生产率　280 万日元 ÷ 946 小时 ≈ 2960 日元

水产部新课长：“这两个数值是代表了一位工作人员一小

时创造了 1 万 782 日元销售额和 2960 日元利润额的业绩吗？”

店长：“正是这样。但业界的平均数值，一般都是实体店的单位劳动时间销售额在 12000 日元左右，单位劳动时间生产率在 3300 日元左右。所以水产部门的实际业绩要比业内的平均数值低一些。”

水产部新课长：“还要继续加油！”

店长：“用一个月内平均每位工作人员的销售额或毛利润额除以一个月的总劳动时间（按照 176 小时计算），就求出了单位劳动时间销售额或劳动时间生产率的数值。如果要算全年的数值，就按照 2000 小时来计算。”

单位劳动时间销售额（单位劳动时间生产率）

=一个月内平均每位从业人员的销售额（毛利润额）÷176 小时

=一年内平均每位从业人员的销售额（毛利润额）÷2000 小时

店长：“还可以用单位劳动时间销售额乘以毛利润率求出劳动时间生产率。”

单位劳动时间生产率（日元）=毛利润额（日元）÷总劳动时间（小时）

=销售额（日元）×利润率（%）÷总劳动时间（小时）

=[销售额（日元）÷总劳动时间（小时）]×毛利润率（%）

=单位劳动时间销售额（日元）×毛利润率（%）

水产部新课长：“也就是说要想提高单位劳动时间生产率，就要通过增加销售额、减少劳动时间或通过改善毛利润率才能做到，对吗？”

店长：“没错。”

通过雇用兼职员工控制每人每小时劳动单价

本章节需要记住的公式

- 人工费（日元）= 总劳动时间（小时）× 每人每小时劳动单价（日元）
- 每人每小时劳动单价（日元）= 人工费（日元）÷ 总劳动时间（小时）
  = 兼职员工单价（日元）× 兼职员工比率（%）+ 正式员工单价（日元）
  × 正式员工比率（%）

水产部新课长："想要避免出现人员过剩的情况，节省人工费的同时，又不影响到服务水平，该怎么做呢？"

店长："人工费可以用总劳动时间乘以每人每小时劳动单价来表示，即按照从业人员平均每小时劳动时间单价（时薪）乘以总劳动时间计算。也就是说为了削减人工费，可以通过减少总劳动时间或下调平均每人每小时劳动单价来实现。"

人工费（日元）= 总劳动时间（小时）× 每人每小时劳动单价（日元）

水产部新课长："原来减少总劳动时间就是减少整体的劳动时间啊！就像现在的劳动时间是 600 小时，如果能减到 590 小时就好了。"

店长："没错，但要想维持或让销售额、毛利润额比现在更高，是有条件的。"

水产部新课长：“也就是说靠缩减时间来增加业绩并不好实现吗？”

店长：“怎么说呢，如果减少了总劳动时间，销售额也跟着一起下滑，或者提高了销售额、毛利润额中人工费所占的比例，导致经营更加困难的情况也发生过。以前还出现过因为削减了总劳动时间，不仅导致销售额下降，连对顾客服务的质量也下降的情况，造成了非常恶劣的影响。”

水产部新课长：“这么说，就必须提高员工的工作效率了吧？即使缩短了劳动时间，如果能找到某种方法确保销售额或毛利润额……”

店长：“说得对！用尽可能少的劳动时间，尽量确保尽可能多的销售额或毛利润额显得格外重要。为了达到这个目的，必须提高工作效率。”

水产部新课长：“明白了！”

店长：“现在我想确认一下每人每小时劳动单价，水产部门 6 月份的业绩中，人工费是 154 万日元，总劳动时间是 946 小时，对吧？”

水产部新课长：“是的。”

店长：“如果是这样，那么每人每小时劳动单价可以按照下列的公式计算出来。”

每人每小时劳动单价（日元）= 人工费（日元）÷ 总劳动时间（小时）

= 154 万日元 ÷ 946 小时 ≈1628 日元

水产部新课长：“这个数字够高的！要想低点，该怎么办呢？”

店长：“好的，现在用别的公式再算算每人每小时劳动单价。正式员工和兼职员工的时间单价分别是 2038 日元和 1000 日元。兼职员工比率是 39.5%。”

水产部门 6 月份的实际业绩

雇用形态	合同签订的劳动时间（平均每天的工作时间）	在职人数（人）	每月的劳动时间（小时）	人工费（日元）	时间单价（日元）
正式员工	8	3	572	1166000	2038
兼职员工	7	1	154	374000	1000
	5	2	220		

＊正式员工的人工费包括了加班补贴

每人每小时劳动单价（日元）= 兼职员工单价（日元）× 兼职员工比率（%）+ 正式员工单价（日元）× 正式员工比率（%）

= 1000 日元 × 39.5% + 2038 日元 × 60.5% ≈ 1628 日元

店长：“正式员工和兼职员工各自的时间单价分别乘以各自劳动时间所占的比例，再将结果加在一起，所得的和就是每人每小时劳动单价。你仔细看看，这个公式里其实就隐含了减少每人每小时劳动单价的方法。”

水产部新课长：“嗯……”

店长："尽管可以用直接下调时间单价的办法来减少每人每小时劳动单价，可因为兼职员工的时间单价比正式员工低得多，如果上调兼职员工的劳动时间构成比，也就是说多用兼职员工的话，也同样会降低所有工作人员的每人每小时劳动单价。"

水产部新课长："原来如此。这么说怎么看我们水产部门的正式员工所占的比例都太大了，其实我也是这些人中的一个。和其他的店比，肯定是不占优势的。"

店长："知道了吧？如果能够让兼职员工胜任一些正式员工的工作，效果会好得多！这样正式员工的比例会下降，每人每小时劳动单价也会跟着减少。当然，也一定要考虑到兼职员工如果干得好，需要涨工资的问题。"

水产部新课长："明白了！"

店长："你现在对课长的业务越来越熟悉了，下个月，我打算把 1 名正式员工调到其他的店去，同时会再派遣 6 名每天只上 6 小时的兼职员工来。这样，从 7 月份开始，你们这儿的人手就变成 2 名正式员工加 4 名兼职员工了。"

水产部新课长："好的，我会努力的！"

店长："嗯，我们再算一算水产部门的人工费大概会是多少。因为减少了 1 名正式员工，正式员工的加班时间就变成了大概 28 小时。"

水产部门7月份的人工费预算

雇用形态	合同签订的劳动时间（平均每天的时间）	在职人数（人）	每月的劳动时间（小时）	人工费（日元）	时间单价（日元）
正式员工	8	2	380	774000	2037
兼职员工	7	1	154	506000	1000
	6	1	132		
	5	2	220		

·每人每小时劳动单价　1000日元×57.1%+2037日元×42.9%≈1445日元

店长：“总人工费为128万日元。如果总劳动时间是886小时，整个部门的每人每小时劳动单价就是128万日元÷886小时≈1445日元。兼职员工所占的比例也会上涨到57.1%。”

强化兼职员工所带来的人工费削减效果

月	兼职员工单价（日元）	兼职员工比率（%）	正式员工单价（日元）	正式员工比率（%）	每人每小时劳动单价（日元）	总劳动时间（小时）	人工费合计（日元）
6月	1000	39.5 （374小时）	2038	60.5 （572小时）	1628	946	1540000
7月	1000	57.1 （506小时）	2037	42.9 （380小时）	1445	886	1280000
增减	0	17.6 （132小时）	-1	-17.6 （-192小时）	-183	-60	-260000

水产部新课长："这么一算，总人工费从 154 万日元减少到 128 万日元，竟然少了 26 万日元！单是将 1 名正式员工换成 1 名兼职员工，就能省这么多的人工费。"

店长："其实这里的关键就在于上调了兼职员工的比率，这样不仅降低了每人每小时劳动单价，还减少了总的劳动时间数。因为兼职员工比正式员工平均每小时的工资低，结果就降低了整个团队的每人每小时劳动单价。

并且，正式员工是一天 8 小时工作制，而很多兼职员工都是 4 小时左右的短时间工作。在忙的时候多安排些人，不忙的时候少安排些人，也就不存在闲置人员浪费，或忙时反而忙不过来的情况了。

就以后的形势而言，重要的不仅仅是怎样培训新的正式员工来胜任公司重任的问题，也一定要重视对兼职员工的培训。"

水产部新课长："嗯，还要想办法提高工作效率。"

店长："当然了，我们也不是说一味地提高兼职员工比率就一定是好的，凡事都有个度。我们要对操作流程、设备等逐一进行检查，在保证不影响整体运营效果的前提下追求最佳方案，逐项进行改革。具体按照：

· 避免工作中出现超负荷劳动、浪费、分配不均匀

· 试着改变工作的流程

· 机械化

· 对中心化或对外委托是否适宜进行探讨

等原则加以改进。"

利用劳动分配率，对人工费进行评估

本章节需要记住的公式

- 人工费相对于销售额的比率（%）=人工费（日元）÷销售额（日元）×100%
- 劳动分配率（%）=人工费（日元）÷毛利润额（日元）×100%

水产部新课长："我现在明白了怎样管理人工费，不过应该怎样给员工发工资呢？"

店长："需要根据销售额和毛利润额来定，也就是利用销售额和毛利润额，计算出人工费相对于销售额的比率和劳动分配率。"

水产部新课长："也是，毕竟人工费要从销售额或毛利润额中出，所以要算出它们的比率。"

店长："是的。"

水产部新课长："那这两个数值有什么特点吗？"

店长："如果人工费相对于销售额的比例高，可以说店里的人工费的负担太重了。相反，如果人工费比率小，人工成本对店里的负担也相对小。另外，劳动分配率过高时，人工成本相对于毛利润额的比例过高，就意味着劳动效率太低。而劳动分配率过低，又可能影响员工的工作积极性。下面我们先算一下人工费相对于销售额的比例。"

人工费相对于销售额的比率（%）=人工费（日元）÷销

售额（日元）×100%

店长：“人工费相对于销售额的比率表示出了人工费在销售额中所占的比例。通常，该人工费中还包含了员工的交通补贴和福利待遇等。在食品超市行业，一般都将其控制在10%以内。”

水产部新课长：“会出现算出来的数特别低的时候吗？”

店长：“偶尔会出现，不过除了人工成本外，还有进货成本和其他费用。现在我们看看水产部门的数据吧，水产部门7月份的销售额是887万日元。”

·6月　154万日元÷1020万日元×100%≈15.1%

·7月　128万日元÷887万日元×100%≈14.4%

店长：“6月份是15.1%，7月份降到了14.4%。如果按照整个公司10%的目标、水产部门13%的目标来看，即使采取了多聘用兼职员工以减少正式员工数量的方式，目标还是没有达到。现在销售额在逐年下降，会增加陷入销售额减少和人工费削减的恶性循环的风险。”

水产部新课长：“还有，劳动分配率又是怎么一回事呢？”

店长：“劳动分配率就是指人工费在毛利润额中所占的比例。一般整个店铺会将这个数值控制在40%。”

劳动分配率（%）=人工费（日元）÷毛利润额（日元）×100%

店长：“看看6月份和7月份的劳动分配率怎么样。”

水产部新课长：“6月份和7月份的毛利润额分别是280

万日元和 243 万 5000 日元……算出来的是 55. 0%和 52. 6%。”

· 6 月　154 万日元 ÷ 280 万日元 × 100% ≈ 55. 0%

· 7 月　128 万日元 ÷ 243 万 5000 日元 × 100% ≈ 52. 6%

店长：“没错，虽说劳动分配率在 7 月份比 6 月份改进了 2. 4%，不过随着销售额的减少，毛利润额也跟着下降了。一定要想办法让收益涨上来！”

对投入的劳动时间进行适当的分配

本章节需要记住的公式

· 投入的劳动时间（小时）= 销售额（日元）÷ 单位劳动时间销售额目标（日元）
　= 毛利润额（日元）÷ 单位劳动时间生产率目标（日元）

店长："日配部门现在雇用的所有员工都是兼职员工，这就需要对劳动时间进行更加细致的管理。我们已经定好了单位劳动时间销售额和单位劳动时间生产率的指标，剩下的任务就是要根据销售预算和毛利润额预算安排好各月需要投入的劳动时间了。"

水产部新课长："怎样来安排？"

店长："日配部门 7 月份的销售额预算是 1200 万日元，毛利润率为 25%，毛利润额为 300 万日元。单位劳动时间销售额的指标被定为 3 万日元，单位劳动时间生产率的指标被定为 7500 日元。"

投入的劳动时间（小时）= 销售额 ÷ 单位劳动时间销售额目标

= 1200 万日元 ÷ 3 万日元 = 400 小时

投入的劳动时间（小时）= 毛利润额（日元）÷ 单位劳动时间生产率目标（日元）

= 300 万日元 ÷ 7500 日元 = 400 小时

水产部新课长："如果一个月需要投入 400 个劳动时间，

那么就可以根据这个数据排出换班表并安排人手了。”

店长：“是的。可如果反过来看，在定好 400 个劳动时间的计划后，即使超出了一小时，如果销售额和毛利润额的预算指标也只是勉强达标，也仍然完不成单位劳动时间销售额和单位劳动时间生产率的目标。”

·单位劳动时间销售额　1200 万日元 ÷ 401 小时 ≈ 2 万 9925 日元

·单位劳动时间生产率　300 万日元 ÷ 401 小时 ≈ 7481 日元

店长：“所以，不仅要尽量将投入的劳动时间管理好，将一个月的劳动时间控制在 400 小时内，还要规划好工作的流程，合理安排人员高效地工作，才能让销售额和毛利润额也都涨上去。”

日配部门的劳动时间安排

兼职员工	月出勤天数（天）	劳动时间数（劳动时间）		出勤时间（包括午休时间在内）	时薪（日元）	人工费（日元）
		一天	一个月内			
小李	22	7	154	8—16	1200	184800
小王	22	6	132	8—15	1100	145200
小张	23	5	115	8—14	1000	115000
合计			401		1110	445000

水产部新课长："这是怎么安排出来的？"

店长："前几个月其实就开始实施了，不过日配部门开店时的准备工作没有做好，发生了机会损失，以后要对开店前的人员分配和各自应承担的任务了解清楚。"

水产部新课长："您能再给我讲讲什么是劳动时间管理吗？"

店长："劳动时间管理就是对每小时需要开展的业务类型和业务量规划清楚，然后安排合适的人员去做。

举个例子，如果开店前需要6工作时，那么既可以安排1人上6小时班，也可以安排2人各上3小时班，还可以安排3人各上2小时的班。根据需要安排好人员、排好班，并在规定的时间内完成指定的任务，这样做出的管理就是劳动时间管理。"

水产部新课长："开店前为了把整个卖场百分之百地布置好，把员工都动用起来摆货了。"

店长："如果将从其他部门调来帮忙的人手也算上，早上8点到10点需要的上货的劳动时间是6小时。但早上上班的3人中，你们安排了2人负责上货，1人负责检查商品并打折，直到11点才做完所有的工作，产生了机会损失。"

水产部新课长："还是没能按计划完成任务。"

店长："是的。之后将3人都安排在2小时内去摆货，不仅很快布置完卖场，销售额也增加了3%。"

水产部新课长："原来即使是相同的劳动时间数，如果按计划投入，不仅会增加销售额和毛利润额，还能提高工作效率。”

店长：“从这点来看，要想既满足顾客的需要，又能增加销售额和毛利润额，必须考虑怎样合理地投入劳动时间。”

第五章

如何利用数据，与竞争对手竞争

采取毛利润战略，在价格战中立于不败之地

灵活应用数据的要点

竞争中，除了和销售有关的数据计算，还会用到被称作乘积的数据计算。乘积指用毛利润率乘以销售构成比，再算出各部门或各范围的合计值，就得出了店铺或部门的平均毛利润率。

也就是说，在改变各部门或各范围的销售构成比、毛利润率的同时，仍可确保平均毛利润率的目标值，该算法被称为混合毛利润。

尽管混合毛利润让很多店陷入了和竞争对手打价格战的情况中，但如果能够很好地控制销售构成比和毛利润率，就可以在让全局保持适当的平均毛利润率的基础上，使特定的部门或某个范围内的商品持续保持低价。

灵活应用乘积的要点如下。

提高销售构成比例，提高平均毛利润率

通过提高毛利润率高的部门或范围商品的销售额构成比或下调毛利润率低的部门或范围商品的销售额构成比，可提高平均毛利润率。

如果将毛利润率最高的 A 部门的销售构成比从 40% 提高到 50%，将毛利润率最低的 D 部门的销售构成比从 30% 下调到 20%，平均毛利润率就会上涨 1%。

提高销售构成比例，提高平均毛利润率

部门	销售构成比（%）	毛利润率（%）	乘积（%）
A	40.0	25.0	10.0
B	20.0	20.0	4.0
C	10.0	20.0	2.0
D	30.0	15.0	4.5
合计	100.0		20.5

→

部门	销售构成比（%）	毛利润率（%）	乘积（%）
A	50.0	25.0	12.5
B	20.0	20.0	4.0
C	10.0	20.0	2.0
D	20.0	15.0	3.0
合计	100.0		21.5

提高毛利润率，改善平均毛利润率

提高销售额构成比高的各部门或范围的毛利润率，整个平均毛利润率也会跟着提高。如果销售额构成比最高的 A 部门的毛利润率从 25% 上涨到 35%，平均毛利润率会上涨 4%。

提高毛利润率，提高平均毛利润率

部门	销售构成比（%）	毛利润率（%）	乘积（%）
A	40.0	25.0	10.0
B	20.0	20.0	4.0
C	10.0	20.0	2.0
D	30.0	15.0	4.5
合计	100.0		20.5

→

部门	销售构成比（%）	毛利润率（%）	乘积（%）
A	40.0	35.0	14.0
B	20.0	20.0	4.0
C	10.0	20.0	2.0
D	30.0	15.0	4.5
合计	100.0		24.5

由拟定的平均毛利润率目标，逆推出部门的毛利润率

制订好平均毛利润率的目标，可以逆向推算出各部门的毛利润率。预算的平均毛利润率是 22.0% 时，D 部门的乘积为 22% －（10% ＋4% ＋2%）＝6%，该部门的毛利润率为 6% ÷ 30% ＝20.0%。

由平均毛利润率目标逆推

部门	销售构成比（%）	毛利润率（%）	乘积（%）
A	40.0	25.0	10.0
B	20.0	20.0	4.0
C	10.0	20.0	2.0
D	30.0		
合计	100.0		22.0

→

部门	销售构成比（%）	毛利润率（%）	乘积（%）
A	40.0	25.0	10.0
B	20.0	20.0	4.0
C	10.0	20.0	2.0
D	30.0	20.0	6.0
合计	100.0		22.0

利用得出的乘积，掌握混合毛利润

本章节需要记住的公式

- 不同部门销售额构成比率（%）= 各部门销售额（日元）÷ 所有部门总销售额（日元）× 100%
- 不同部门毛利润率（%）= 各部门毛利润（日元）÷ 该部门销售额（日元）× 100%
- 乘积（%）= 各部门销售额构成比（%）× 该部门毛利润率（%）
- 平均毛利润率（%）= 各部门乘积的总和（%）

店长：“学好数据计算方法，会增强竞争力。”

水产部新课长：“怎样用呢？”

店长：“和竞争对手竞争肯定会打价格战，可要想在价格战中确保获得收益，数据计算就派上大用场了，利用它可以清楚地计算出收益如何。”

水产部新课长：“哦，也就是说可以用算出的数作为参考。”

店长：“我们已经决定在距离工厂四公里的范围内再开一家分店。其实半径在五公里的范围内已经有几家药妆店、便利店和折扣店了，竞争肯定是极其激烈的。”

水产部新课长：“嗯，就看我们怎么经营了。”

店长：“而且，有一家新店还是大型连锁店的店铺，他们的 PB（私人品牌）商品价格低廉，极具竞争力，应该会带动整个区域在价格上的竞争。销售额和毛利润额又是在逐年减少，如果要在人工费上想办法，肯定要事先拿出个稳妥的方案。”

水产部新课长：“店长是怎样打算的呢？”

店长：“我觉得应该发挥我们作为食品超市的强项，也就是强化生鲜食品。多进地域性的新鲜食材，保持商品的新鲜度，应该会吸引顾客经常来采购。”

水产部新课长：“我觉得这个办法挺好的！”

店长：“可也面临着怎么和对手进行价格竞争的难题，如果走错一步，销售额和毛利润都会跟着下降。”

水产部新课长：“肯定要想办法解决。”

店长：“是呀，如果想在价格上占优势，就需要该降价的降价、该涨价的涨价，我们可以用混合毛利润的数据，对销售额和毛利润进行控制。”

水产部新课长：“能详细讲讲吗？”

店长：“就拿水产部门来举例吧，去年 11 月份，整个店的销售额是 6300 万日元，水产部门的销售额是 882 万日元，毛利润额是 247 万日元。可以得出水产部门的销售额在整个店的销售额构成中占 14%，毛利润率占 28%。”

不同部门销售额构成比率（%）= 各部门销售额 ÷ 所有部门总销售额 × 100%

=882 万日元 ÷ 6300 万日元 × 100%=14.0%

不同部门毛利润率（%）= 各部门毛利润 ÷ 该部门销售额 × 100%

=247 万日元 ÷ 882 万日元 × 100% ≈ 28%

店长：“混合毛利润就是将该部门的销售额构成比乘以毛利润率后所得的乘积。”

乘积（%）= 各部门销售额构成比（%）× 该部门毛利润率（%）

平均毛利润率（%）= 各部门乘积的总和（%）

店长：“用各部门的销售额构成比乘以各自的毛利润率，就可计算出毛利润额在店铺的销售额中所占的比例。这个乘积同时又显示出了各部门的毛利润额对整个店铺销售额的贡献度。

再将各部门得出的乘积加在一起，就得出了平均毛利润率（店铺的毛利润率）。”

	销售构成比		利润率		乘积
A 部门	A 部门销售额 / 全体销售额	×	A 部门毛利润 / A 部门销售额	=	A 部门毛利润 / 全体销售额
+ ↓					
B 部门	B 部门销售额 / 全体销售额	×	B 部门毛利润 / B 部门销售额	=	B 部门毛利润 / 全体销售额
+ ↓					
C 部门	C 部门销售额 / 全体销售额	×	C 部门毛利润 / C 部门销售额	=	C 部门毛利润 / 全体销售额
+ ↓					
D 部门	D 部门销售额 / 全体销售额	×	D 部门毛利润 / D 部门销售额	=	D 部门毛利润 / 全体销售额
A—D 部门合计	(A 部门毛利润+B 部门毛利润+C 部门毛利润+D 部门毛利润) / 全体销售额				

水产部新课长："真够难的！"

店长："我们可以从中得出通过对各部门的销售额构成比和毛利润率进行控制，以改变平均毛利润率的结论。

换句话说，要想保持平均毛利润率，就需要控制各部门的销售额构成比和毛利润率。"

水产部新课长："就是说要通过控制销售额构成比和毛利润率，和对手打价格战。"

店长："是这样的。例如，如果上调毛利润率高的部门的销售额构成比，平均毛利润率就会跟着上涨。相反，如果提高毛利润率低的部门的销售额构成比，平均毛利润率就会下降。"

水产部新课长："明白点儿了。"

店长："现在看一下下面的例子。这是各部门的乘积和平均毛利润率。"

各部门的乘积

部门	销售额构成比（%）	毛利润率（%）	乘积（%）
A	40	25	10.0
B	20	20	4.0
C	10	20	2.0
D	30	15	4.5
合计	100		20.5

· **乘积**

A 部门 40% × 25% = 10.0%　B 部门　20% × 20%

=4. 0%

C 部门 10%×20%=2. 0%　D 部门　30%×15%=4. 5%

· 平均毛利润率=10%+4. 0%+2. 0%+4. 5%=20. 5%

店长："我们试试变化一下销售额构成比和毛利润率，看能否提高平均毛利润率。首先，试着改变一下销售构成比。"

当销售构成比变化时

部门	销售额构成比（%）	毛利润率（%）	乘积（%）
A	50	25	12. 5
B	20	20	4. 0
C	10	20	2. 0
D	20	15	3. 0
合计	100		21. 5

· 乘积

A 部门 50%×25%=12. 5%（增加 2. 5%）

D 部门 20%×15%=3. 0%（减少 1. 5%）

· 平均毛利润率 = 12. 5% + 4. 0% + 2. 0% + 3. 0% = 21. 5%（增加 1. 0%）

店长："如果将毛利润最高的 A 部门的销售额构成比上调到 50%，将最低的 D 部门的销售额构成比下调至 20%，平均毛利润率就变成了 21. 5%。重点推销哪种商品，都会对平均毛利润率的数值产生影响。接下来，咱们再试试将销售额构成比最高的 A 部门的毛利润率上调到 35%。"

当毛利润率变化时

部门	销售额构成比（%）	毛利润率（%）	乘积（%）
A	40	35	14.0
B	20	20	4.0
C	10	20	2.0
D	30	15	4.5
合计	100		24.5

·乘积　A部门40%×35%=14.0%（增加4.0%）

·平均毛利润率=14.0%+4.0%+2.0%+4.5%=24.5%（增加4.0%）

水产部新课长：“原来提高销售额构成比大的部门的毛利润率的话，平均毛利润率可以增加这么多啊！”

店长：“是的，现在再反过来算算，如果平均毛利润率为22%，D部门的毛利润率应该是多少？”

能够确保目标平均毛利润率时

部门	销售额构成比（%）	毛利润率（%）	乘积（%）
A	40	25	10.0
B	20	20	4.0
C	10	20	2.0
D	30		
合计	100		22.0

·乘积　D部门22.0%－（10%+4.0%+2.0%）=6.0%

·毛利润率　D部门　6.0%÷30%=20.0%（增加5%）

店长："如果（D 部门的毛利润率）增加了 5%，平均毛利润率就是 22.0% 了。当然，还可以靠增加或减少销售额构成比的方法来确保达到平均毛利润率的目标值。用这种混合毛利润的方法，在商品降价的同时，也可以知道该采用什么办法来保证平均毛利润率。"

水产部新课长："这样一来，我们店如果要维持平均毛利润率，水产部门应该加强怎样的举措呢？"

店长："要想确保平均毛利润率，一方面在展现出生鲜部门的优势的同时，将商品的价格定在合理的范围。另一方面要利用毛利润率高的熟食来平衡整体的利润。现在来看一下去年 11 月份的乘积。"

各部门的乘积与平均毛利润率（11 月）

部门	销售额构成比（%）	毛利润率（%）	乘积（%）
蔬菜	11	25	2.75
水果	5	25	1.25
肉禽	12	28	3.36
水产	14	28	3.92
日配	16	25	4.0
熟食	10	30	3.0
食品	13	17	2.21
点心	10	23	2.3
杂货、其他	9	19	1.71
合计	100		24.5

店长：“去年 11 月份的平均毛利润率是 24.5%，现在我打算对各部门重新做以下的调整，但前提是至少要保证这个数值不变。”

①蔬菜、水产、肉禽类的销售额构成比上调 2%，毛利润率下降 2%。

②日配、食品、点心的销售额构成比降低 3%，保持毛利润率不变。

③力求熟食的销售额构成比上涨 3%。

店长：“根据这个方案，以后我们会尽量从距离较近的渔港直接进货，这样既能提供给顾客新鲜的水产品，又能在价格上占优势，而水果和肉禽部门同样采取可发挥出我们作为食品超市优势的销售规划。

这样，为了充分发挥我们的长处，我们会对店面进行简单的改装，扩大生鲜和熟食卖场的面积，缩小其他非生鲜类的价格竞争激烈的商品卖场规模。而毛利润率最高的熟食部门会引进自助式销售，进一步加大供应量。”

水产部新课长：“应该会吸引很多顾客。”

店长：“虽然这个方案会让平均毛利润率减少 0.5%，变成 24.0%，但一旦销售额增长了 2.1%，就能保证获得几乎相同的毛利润额。那么再算一下熟食的毛利润率应该是多少？”

水产部新课长：“是 28.4% 吗？减少了 1.6%。”

·熟食部门的乘积　24.0% －（2.99% ＋ 1.25% ＋

3.64%+4.16%+3.25%+1.70%+1.61%+1.71%)=3.69%

· 熟食的毛利润率　3.69%÷13.0%=28.4%

模拟各部门的乘积与平均毛利润率

部门	销售额构成比（%）	毛利润率（%）	乘积（%）
蔬菜	13	23	2.99
水果	5	25	1.25
肉禽	14	26	3.64
水产	16	26	4.16
日配	13	25	3.25
熟食	13	28.4	3.69
食品	10	17	1.70
点心	7	23	1.61
杂货、其他	9	19	1.71
合计	100		24

店长："没错，因为熟食的毛利润率也跟着降低了，所以必须慎重考虑。而且长年在水果部门工作的老员工也说过如果在价格上不具备优势，是没办法和其他店铺竞争的。"

水产部新课长："具体是怎样的意见？"

店长："举例说吧，如果蔬菜和水果的毛利润率各自都调整到 22%，在价格上就非常具有竞争优势，可以让销售额构成比增加。而熟食的销售额构成比如果能到 14%、毛利润率上涨到 31%，虽然生鲜的毛利润率有所下降，也会让整体的收益得到平衡。现在其他部门也提出了限制毛利润率，特别是要将一般商品以 EDLP（每日低价）的方式销售，来和竞争对手的 PB 商品竞争的意见。”

水产部新课长：“明白了，就是说要限制整个毛利润率，损失的部分用熟食来补，是吧？这样在价格上就具备竞争力了。”

店长：“是的，我打算在冷冻食品打折时将日配的毛利润率下调 2%，将销售冰激凌的点心部门的毛利润率下调 1%。”

水产部新课长：“这样一来，熟食部门的压力就更大了。”

店长：“所以说关键点就在熟食的利润上。熟食的毛利润率最低也要在 31%、销售额构成比不能少于 14%，只有这样才能保证 23.7%的平均毛利润率，这个方案才能实施下去。”

确保目标平均毛利润率的方法

部门	销售额构成比（%）	毛利润率（%）	乘积（%）
蔬菜	15	22	3.30
水果	6	22	1.32
肉禽	13	25	3.25
水产	15	25	3.75
日配	13	23	2.99
熟食	14	31	4.34
食品	10	17	1.70
点心	7	22	1.54
杂货、其他	7	21	1.47
合计	100		23.66

部门对策与混合毛利润

加大 EDLP 的混合毛利润

店长：“要调整店里的混合毛利润，各部门就必须策划好怎样做才能完成各自的毛利润指标。而一般食品因为要和对手的 PB 商品竞争，对店里的影响非常大，所以其混合毛利润就变得格外重要。”

水产部新课长：“那些大型连锁店的 PB 商品数量多，价钱又便宜，怎么才能和它们竞争呢？”

店长：“咱们可以用 EDLP 的方式供应饮料、杯装面和一般的调味料等畅销商品。所以现在需要算一算包括 EDLP 商品在内的所有商品的混合毛利润是多少。”

去年一般食品的混合毛利润

项目	销售额构成比（%）	毛利润率（%）	乘积（%）
海报	60. 5	16	9. 68
特色商品	24. 5	17. 5	4. 29
必需类	15	20. 5	3. 08
合计	100		17. 05

增加了 EDLP 商品的一般食品的混合毛利润

项目	销售额构成比（%）	毛利润率（%）	乘积（%）
EDLP	15	15	2. 25
广告商品	70	15. 5	10. 85

（续表）

项目	销售额构成比（%）	毛利润率（%）	乘积（%）
特色商品	10	25	2.5
必需类	5	30	1.5
合计	100		17.10

店长："一般食品中，EDLP 的销售额构成比和毛利润率都是 15%，而且，要满足顾客追求廉价的需求，就得将广告上的特价商品的毛利润率下调 0.5%。要想确保 17% 的毛利润率，就需要提高店铺特价商品和特色商品的毛利润率。

重新规划卖场，减少销售损失最大的特价商品，并争取将顾客的目光吸引到 EDLP 商品上，这样可以防止平均毛利润率的下跌，并将销售模式从依靠发广告卖特价商品转移到销售 EDLP 商品的形式上来，制定出店铺特卖商品和特色商品的销售方案。"

冷冻食品打折销售的混合毛利润

水产部新课长："日配部门也会下调毛利润率吗？"

店长："为了和对手竞争，日配部门的冷冻食品经常打折。可总打折又会降低毛利润率，所以要仔细查看混合毛利润后再做决定。

到目前为止，我们已经做了各种评估、推测和验证，尽管经常对冷冻食品打折销售，可也基本上每次都能完成毛利润率的指标。但随着竞争对手又开出了新店，今后该怎么办还需要重新考虑。

姑且采取了增加冷冻食品打折次数，同时强化 EDLP 商品的策略。”

水产部新课长：“这么做以后混合毛利润会增加还是减少？”

店长：“现在已经统计出了去年日式日配、西式日配和冷冻食品三者的混合毛利润，而以后为了和对手的 PB 商品竞争，会以 EDLP 的形式供应日式和西式的日配畅销商品。混合毛利润如下表所示。”

去年日配的混合毛利润

项目	销售额构成比（%）	毛利润率（%）	乘积（%）
日式日配	58	27. 6	16. 01
西式日配	33. 2	25	8. 3
冷冻食品	8. 8	8	0. 7
合计	100		25. 01

增加了 EDLP 商品的日配商品的混合毛利润

项目	销售额构成比（%）	毛利润率（%）	乘积（%）
日式日配（包括 EDLP 在内）	58	25. 9	15. 02
西式日配（包括 EDLP 在内）	32	23. 4	7. 49
冷冻食品	10	5	0. 5
合计	100		23. 01

店长："冷冻食品打折的次数增多后，毛利润率会减少3%，销售额构成比会扩大到 10%。供应 EDLP 商品后，日式和西式日配的毛利润率会各自减少 1.7% 和 1.6%。"

成箱装蔬菜的混合毛利润

水产部新课长："果蔬部门会采取什么措施？"

店长："果蔬部门事先设定好畅销商品是单个卖还是成箱卖，以及大小规格等各项标准，利用积分购物等活动在周末显眼的地方主推成箱货品。西红柿的混合毛利润如下所示。"

去年西红柿的混合毛利润

项目	销售额构成比（%）	毛利润率（%）	乘积（%）
零售	18	28	5.04
两三个一盒	82	25	20.5
	100		25.54

西红柿的混合毛利润（增加了成箱的西红柿）

项目	销售额构成比（%）	毛利润率（%）	乘积（%）
零售	20	28	5.6
两三个一盒	40	25	10
成箱装	40	22	8.8
	100		24.40

店长："虽然毛利润率降低了大约 1%，不过我们会通过发宣传单等方式加大成箱商品的销售力度，制订 40% 的销售

额构成比指标。”

时令水果的混合毛利润

店长：“顾客对时令水果的需求很高，所以要根据不同的销售时期计算出相应的混合毛利润。”

水产部新课长：“该怎么做呢？”

店长：“我们都是将水果摆在超市的入口处，这样季节感强，果蔬部门的员工经常在各时令水果的进货和布置上忙得团团转。混合毛利润是将不同时期的时令水果分成几类，调节各毛利润率的同时，保证整个毛利润率在适当的范围内。”

水产部新课长：“能举个例子吗？”

店长：“我们采取了先将各季节的时令水果按照初期、旺季、过季的顺序分成三类，排在前面的两三种水果优惠销售的策略。”

时令水果的混合毛利润

项目	销售额构成比（%）	毛利润率（%）	乘积（%）
时令水果初期	10	10	1.0
时令水果旺季	50	28	14.0
时令水果过季	10	25	2.5
其他	30	15	4.5
合计	100		22.00

利用销售端架，追求低价的混合毛利润

店长：“入口处的果蔬卖场端架通常会给顾客留下对于我

们店的第一印象。所以，有时会采取抑制接近入口处的端架A的商品的毛利润率，在入口给人留下很便宜的感觉，往里渐渐提高毛利润率以确保混合毛利润的方法。”

水产部新课长：“原来如此。”

店长：“按照ABCD的端架顺序排列，再加上供应新鲜的时令货品，这样的卖场会给人以物美价廉的感觉，才是成功的卖场。”

利用销售端架，追求低价的混合毛利润

项目	销售额构成比（%）	毛利润率（%）	乘积（%）
端架A	10	10	1.0
端架B	5	10	0.5
端架C	5	15	0.75
端架D	5	15	0.75
其他	75	22.7	17.03
合计	100		20.03

水产部新课长：“原来混合毛利润里有这么多学问，跟您学到了很多，谢谢您！”

第六章

如何利用数据，打造畅销商品

明确畅销商品的条件

灵活应用数据的要点

要想在众多竞争店铺中处于不败之地，必须有区别于其他店的受顾客欢迎的特色商品或服务。而且，现在便利店这类店铺也都在扩大经营范围，开始卖生鲜等商品，所以我们更要发挥出作为生鲜超市的优势，把握住生鲜等货品的季节感。

可以利用 PI（Purchase Index，购买指数）值、季节指数及购买数量的与上一年比值等数据找出自己所在店铺受顾客欢迎的畅销商品。

在第一章中已经讲过销售额可以通过“顾客数量 × 顾客购买商品的平均数量 × 商品的平均单价”的公式来计算。其中，商品的平均单价虽然会随着零售或成箱卖等销售方式的不同在单月的数值中表现出若干的变动，但从全年的总体情况来看却是基本上保持不变的。

可以说销售额主要会受到顾客数和购买数量两个因素的影响，要想让这两个数值增长，要努力获得顾客对店铺或商品的支持。从商品的角度来看，还要发掘出不同于其他店铺的人气商品，保持自己的店铺特色。而所要关注的要点如接下来的流程图所示。

利用各月份的销售额构成比和季节变动指数可以掌握商品全年的趋势，进而抓住合适的时机主推应季商品。需要确认清楚商品、价格、活动及促销各项之间的联系，制订销售方案并增加销售业绩。

促销会用到表示出顾客购买商品平均数量的 PI 值，利用

PI 值评估商品及开展活动的场所，反复进行预测、验证与评估，提高顾客对商品的支持度。

要推出畅销商品，就要明确商品畅销所需的条件，这时也可以用到 PI 值。

除了数量和金额以外，还要对种类、定价等条件反复进行查验，发掘人气高的特色商品。

推出热卖品的流程与相应的数据计算

流程	可用的数据计算
明确商品的季节变动指数 ↓ 抓住销售的最佳时机（时令、销售旺季） ↓	・各月的销售额构成比 ・季节变动指数
对商品特征的需求 ・商品是否对顾客具有吸引力？（新鲜度、品质、味道等） ・供给是否稳定？（出现过商品售罄、商品供应不足的情况吗？） ・商品符合本公司的方针吗？ ・好卖吗？ ・可开展应季或符合大众口味的活动吗？ **具有竞争力的价格** ・价格上是否具有优势？（是能让顾客心动的价格吗？） ・全年价格比较稳定吗？（是否会出现出于市场等因素价格大幅度波动的情况？） ・比起竞争对手，商品更有价格优势吗？ ・以优惠的价格请顾客试用吗？ **强化视觉效果** ・引人注意吗？ ・按照原则分配排面或布置卖场吗？ ・开展相关商品的活动吗？ ・摆放的方法是否得当？ ・会一直在固定位置销售吗？（每个季节的促销地点会改变吗？） **促销活动** ・会推荐烹饪或食用方法吗？ ・推出让人一目了然、容易接受的POP了吗？ ・开展商品的促销活动了吗？ ・开展宣传商品特色的活动了吗？ ・策划各节假日、当季特色活动了吗？	・件数PI值 ・金额PI值

利用季节指数，抓住各销售旺季的时机

本章节需要记住的公式

- 各月销售额构成比（%）= 各月销售额（日元）÷ 全年销售额（日元）× 100%
- 季节变动指数（%）= 各月销售额（日元）÷ 全年每月平均销售额（日元）× 100%
  = 各月销售额构成比（%）× 12

店长："知道什么是季节指数吗？"

水产部新课长："是用来表示季节和每月销售趋势的数据吗？"

店长："是的，这种趋势可以用两种方式表示。一种是按照全年 100%、各月销售额构成比来表示的方式，另一种是按照月平均销售额为 100%、各月销售额来表示季节变动指数的方式，一般又将季节变动指数简称为季节指数。"

水产部新课长："用各月的销售额构成比不是已经可以表示得很清楚了吗？为什么还要用到季节指数？"

店长："构成比是已经很清楚了，不过各月的销售额构成比和季节变动指数也不是一点儿关系都没有。季节变动指数是各月销售额构成比数值的 12 倍。"

$$\text{季节变动指数（\%）} = \frac{\text{各月销售额}}{\left[\dfrac{\text{全年的销售额}}{12}\right]} \times 100\%$$

$$=\left[\frac{\text{各月销售额}}{\text{全年销售额}}\times 100\%\right]\times 12$$

$$=\text{各月销售额构成比（\%）}\times 12$$

店长："现在就看一下水产部门去年各月的销售额构成比和季节变动指数。"

水产部门各月销售额构成比与季节变动指数的变化趋势

月份	3月	4月	5月	6月	7月	8月
销售额（千日元）	9625	9062	9120	8706	9039	9315
各月的销售额构成比（%）	8.37	7.88	7.93	7.57	7.86	8.1
季节变动指数（%）	100.44	94.56	95.17	90.85	94.32	97.20

月份	9月	10月	11月	12月	1月	2月	合计
销售额（千日元）	10189	10143	8820	12650	9453	8878	115000
各月的销售额构成比（%）	8.86	8.82	7.67	11	8.22	7.72	100
季节变动指数（%）	106.32	105.84	92.04	132.00	98.64	92.64	

3月的销售额构成比（%）=3月的销售额÷全年销售额×100%

=962万5000日元÷1亿1500万日元×100%≈8.37%

全年月平均销售额=全年销售额÷12个月

=1 亿 1500 万日元 ÷ 12 个月 ≈958 万 3000 日元

3 月的季节变动指数 = 3 月的销售额 ÷ 全年月平均销售额 × 100%

= 962 万 5000 日元 ÷ 958 万 3000 日元 × 100% ≈100. 44%

店长：“将季节变动指数的结果绘制成图表，如下。”

水产部门的季节变动指数

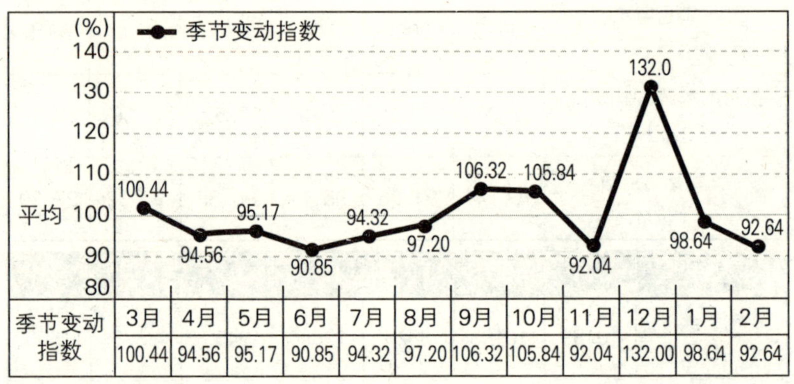

季节变动指数	3月	4月	5月	6月	7月	8月	9月	10月	11月	12月	1月	2月
	100.44	94.56	95.17	90.85	94.32	97.20	106.32	105.84	92.04	132.00	98.64	92.64

水产部新课长：“12 月份在全年中太突出了！”

店长：“是的，季节变动指数超过 100% 的月份，销售额也比年平均销售额高，反之如果低于 100%，则表示当月的销售额比年平均销售额低。水产部门 3 月的销售额接近于平均销售额，12 月的季节变动指数达到了 132%，创下了全年最高水平。”

水产部新课长：“12 月既是年末又有圣诞节，销售额高的日子都集中到了一起。而 9 月和 10 月正值水产品销售旺季，销售额才跟着增加的吧？”

店长：“这样就可以看出全年的倾向了吧？相反，6 月和 2 月的销售额都很低。6 月水产品种类不丰富，2 月营业的天数少，都对该指数产生了不良的影响。”

水产部新课长：“那什么时候会用到季节变动指数呢？”

店长：“在做各个月的预算和各星期预算的时候都可以用到，每天营业的时候也能用到，是非常方便的。”

水产部新课长：“具体是怎样的场合呢？”

店长：“在季节变动指数高的月份里，顾客购买商品的数量增加，销售额也跟着增加，而购买商品的数量增加，又代表顾客来卖场的机会增多，从指数上涨到 105% 的 9 月和 10 月来看情形就是这样的。这段时间水产品正值上市期，种类丰富又很新鲜，很容易吸引顾客前来购买，而因为顾客来卖场的机会多了，销售额也就跟着上涨了。”

水产部新课长：“这么一说，就是我们主推新品的绝好机会到了？嗯，今年要加大在早市上市新鲜水产品的力度。”

店长：“季节变动指数这种方式还可以用到其他地方。从日本总务省统计局公布的各种家庭消费支出中，就可以抓住各类生鲜品销售旺季的时机，并将该商品作为当月的主推商品。”

主要蔬菜的季节变动指数

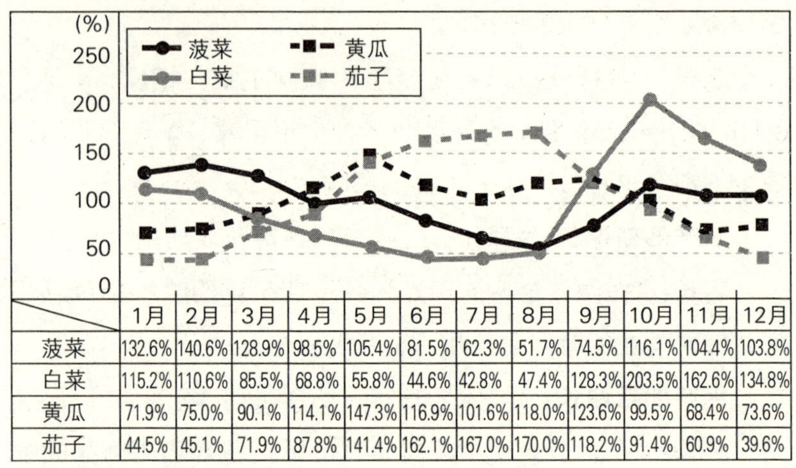

	1月	2月	3月	4月	5月	6月	7月	8月	9月	10月	11月	12月
菠菜	132.6%	140.6%	128.9%	98.5%	105.4%	81.5%	62.3%	51.7%	74.5%	116.1%	104.4%	103.8%
白菜	115.2%	110.6%	85.5%	68.8%	55.8%	44.6%	42.8%	47.4%	128.3%	203.5%	162.6%	134.8%
黄瓜	71.9%	75.0%	90.1%	114.1%	147.3%	116.9%	101.6%	118.0%	123.6%	99.5%	68.4%	73.6%
茄子	44.5%	45.1%	71.9%	87.8%	141.4%	162.1%	167.0%	170.0%	118.2%	91.4%	60.9%	39.6%

根据日本总务省统计局统计数据［日常生活消费费用调查（2015年，调查对象：日本国内每户两人以上的家庭）］制成

水产部新课长：“好的。”

店长：“计算方法是用当月的支出金额除以全年的平均支出金额，得出来的是主要商品的季节变动指数。”

店长：“果蔬类商品也是有时令之分的，如菠菜、白菜、黄瓜、茄子、苹果、蜜瓜和草莓等商品就可以在旺季时由产地直送并设置早市。我们可以利用不同月份、不同季节收获的时令商品打造时鲜展区。”

水产部新课长：“卖场也不能因循守旧，要懂得弹性变化。”

店长：“今后水产部门打算怎么做呢？”

主要水果的季节变动指数

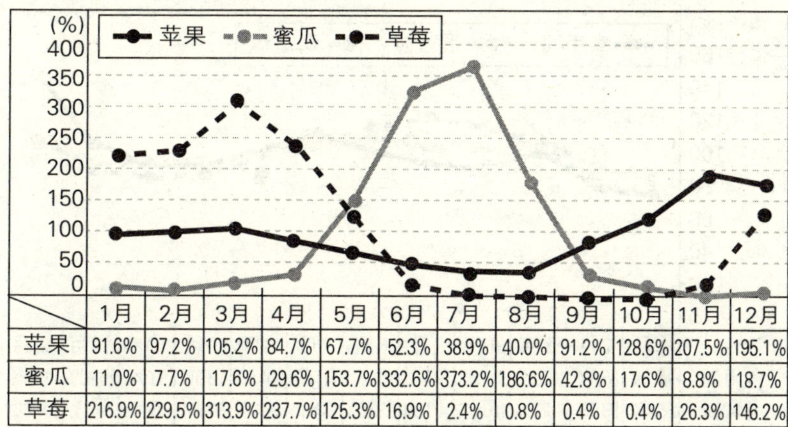

	1月	2月	3月	4月	5月	6月	7月	8月	9月	10月	11月	12月
苹果	91.6%	97.2%	105.2%	84.7%	67.7%	52.3%	38.9%	40.0%	91.2%	128.6%	207.5%	195.1%
蜜瓜	11.0%	7.7%	17.6%	29.6%	153.7%	332.6%	373.2%	186.6%	42.8%	17.6%	8.8%	18.7%
草莓	216.9%	229.5%	313.9%	237.7%	125.3%	16.9%	2.4%	0.8%	0.4%	0.4%	26.3%	146.2%

根据日本总务省统计局统计数据［日常生活消费费用调查（2015 年，调查对象：日本国内每户两人以上的家庭）］制成

主要水产品的季节变动指数

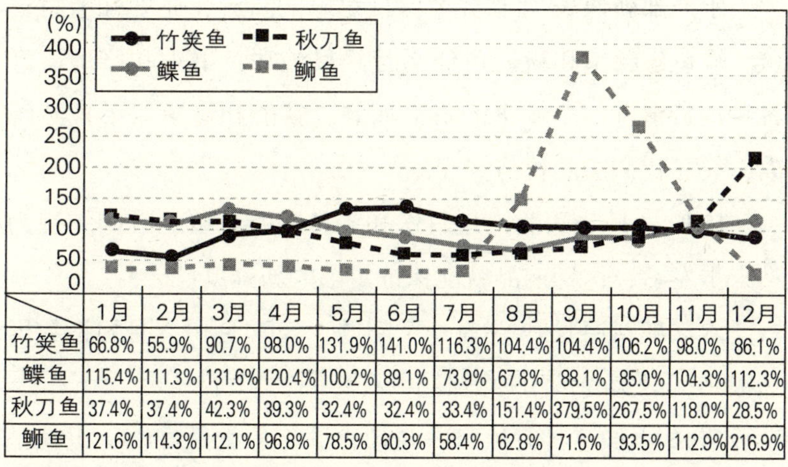

	1月	2月	3月	4月	5月	6月	7月	8月	9月	10月	11月	12月
竹筴鱼	66.8%	55.9%	90.7%	98.0%	131.9%	141.0%	116.3%	104.4%	104.4%	106.2%	98.0%	86.1%
鲽鱼	115.4%	111.3%	131.6%	120.4%	100.2%	89.1%	73.9%	67.8%	88.1%	85.0%	104.3%	112.3%
秋刀鱼	37.4%	37.4%	42.3%	39.3%	32.4%	32.4%	33.4%	151.4%	379.5%	267.5%	118.0%	28.5%
鲕鱼	121.6%	114.3%	112.1%	96.8%	78.5%	60.3%	58.4%	62.8%	71.6%	93.5%	112.9%	216.9%

根据日本总务省统计局统计数据［日常生活消费费用调查（2015 年，调查对象：日本国内每户两人以上的家庭）］制成

与沙拉相关的商品的季节变动指数

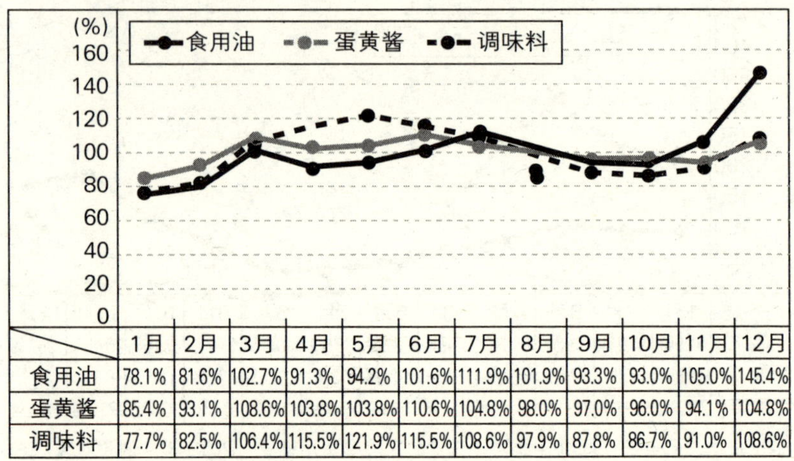

	1月	2月	3月	4月	5月	6月	7月	8月	9月	10月	11月	12月
食用油	78.1%	81.6%	102.7%	91.3%	94.2%	101.6%	111.9%	101.9%	93.3%	93.0%	105.0%	145.4%
蛋黄酱	85.4%	93.1%	108.6%	103.8%	103.8%	110.6%	104.8%	98.0%	97.0%	96.0%	94.1%	104.8%
调味料	77.7%	82.5%	106.4%	115.5%	121.9%	115.5%	108.6%	97.9%	87.8%	86.7%	91.0%	108.6%

根据日本总务省统计局统计数据［日常生活消费费用调查（2015 年，调查对象：日本国内每户两人以上的家庭）］制成

水产部新课长："首先要保证足够的货源，还要知道竹筴鱼、鲽鱼、鰤鱼和秋刀鱼什么时候最美味，事先和产地谈好各种进货事宜，只要进的货品质好，就能和竞争对手拉开距离，突显我们店的优势。"

店长："应该再将产地直送和筹备期所花费的时间缩短为一天半左右，这样商品就能保证足够的新鲜度。"

水产部新课长："还有一个问题，像 6 月和 7 月的指数虽然很高，但卖的鱼的种类很单一。"

店长："像这种时候可以向顾客推荐怎么做好吃，也就是烹饪方法。"

水产部新课长："这要怎么做呢？"

店长："看看食用油、蛋黄酱和调味料的指数，从 5 月到 7 月都出现了小高峰。想想为什么会是这样。其实可以利用这个时机向顾客推荐一些菜式和做法。"

水产部新课长："我明白了，虽然我们自己没有指数高的商品，可如果和其他部门的商品搭配销售就不一样了。"

店长："做菜的方法很多，可以用油炒，也可以用蛋黄酱和调味料做成沙拉。

杂货部门每年都会在 6 月到 7 月茄子上市的时候向顾客介绍怎样做麻婆茄子、炸茄盒，我们可以借此机会推荐怎样和冷冻鱿鱼、冷冻虾一起烹饪。

5—6 月的调味料展区中，有果蔬部门的洋葱、西红柿，水产部门的鲜鱼，用这些时令商品做沙拉或生肉片再合适不过了。"

利用 PI 值，打造最具竞争力的商品

本章节需要记住的公式

- 件数 PI 值（件）= 销售件数（件）÷ 顾客数量（人）× 1000
- 金额 PI 值（日元）= 销售金额（日元）÷ 顾客数量（人）× 1000
- 预测销售数量（件）= 件数 PI 值（件）× 预测顾客数量（人）÷ 1000
- 预测销售额（日元）= 金额 PI 值（日元）× 预测顾客数量（人）÷ 1000

店长："虽然附近又要开一家大型连锁店的超市了，但如果我们打出作为生鲜超市的特色，是能够在激烈的竞争中存活下来的。但我们也必须发掘出我们不同于其他店的最受顾客欢迎的商品。"

水产部新课长："是呀，怎么才能知道哪些商品吸引顾客呢？"

店长："要想找出这些商品，就要用到 PI 值了。"

水产部新课长："PI 值？"

店长："英语是 Purchase Index，略称 PI，翻译过来就是购买指数的意思。简单来说，就是指顾客平均购买的数量和消费的金额。"

水产部新课长："不太明白。"

店长："PI 值分为件数 PI 值和金额 PI 值两种。平均每一千名已经结过账的顾客中所购买的某种商品的数量就是件数 PI 值。金额 PI 值就是相同条件下该商品的销售金额。"

件数 PI 值（件）= 销售件数（件）÷ 顾客数量（人）

×1000

金额 PI 值（日元）= 销售金额（日元）÷ 顾客数量（人）×1000

店长："这样一统计，就可以看出哪种商品受顾客欢迎，即使是相同的东西，销售场所、价格和品种的变化，也会使 PI 值跟着变化。通过反复验证，慢慢地就会明白畅销商品的条件了。"

水产部新课长："通过反复策划和验证，就可以知道畅销商品所需的条件了？"

店长："是的，店铺同样可以用到 PI 值。虽然各卖场的规模不一样，但如果利用 PI 值，就可以评估出相同条件下各策略的效果。

例如，年交易额大的店铺里，广告特卖品等商品的销售数量和销售金额都很大，可如果按照一千人换算，就可以用数值表示出各处销售时所做出的努力和所下的功夫。"

水产部新课长："嗯，我们部门也做做看！"

店长："PI 值还有一个用法，就是用来设定销售计划目标值。"

水产部新课长："怎么定？"

店长："先设定好销售业绩好的卖场的 PI 值，以保证销售额在基准值以上。"

水产部新课长："这怎么理解呢？"

店长："举个例子，我们事先策划好时令生鲜货品的卖场布局，定好目标 PI 值。

在入口处的蔬菜端架 A 销售产地直送的时令蔬菜和水果，对面的食品端架上，陈列和烹调有关的商品。为了方便顾客购买，还可以配上电视机，直接放映和做菜有关的视频。我想你可能知道，这个地方被称为热点区域，也就是六到八成来店的顾客都会路过的区域。

还有，要在主通道到水产品端架的衔接处最显眼的地方摆上早上打捞的最新鲜的水产品，对面的端架上同样摆上海鲜的关联商品，还可以特价销售冻鱿鱼或冻虾。”

水产部新课长：“可这样的卖场不是已经在销售畅销商品了吗？”

战略性大卖场展开图例

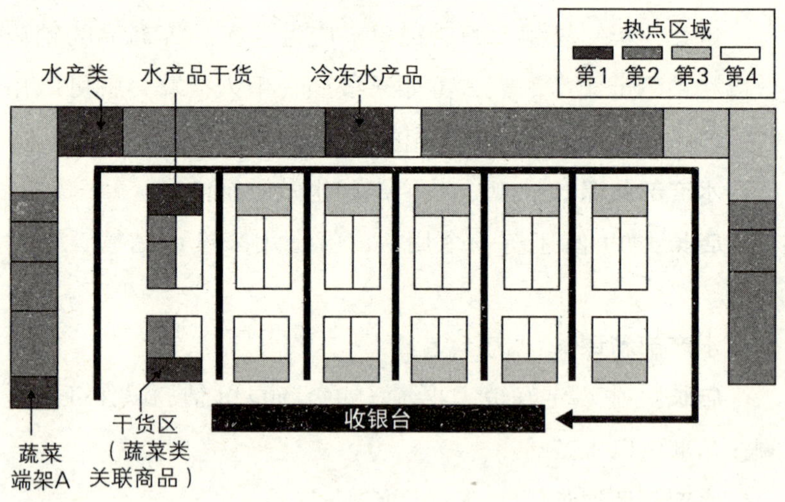

店长：“是的，不过这次策划的是跨部门的销售方案。在加大生鲜品质力度并向顾客推荐烹饪方法的基础之上，要重

点布置出具有策略性的卖场区域。而怎样布置最合理，就要先利用 PI 值，反复进行假设和验证，做好销售预测的工作。”

水产部新课长：“那怎样设定 PI 值的目标值呀？”

店长：“先预算出和卖场有关的平均一天的目标 PI 值。具体来说是先计算出各卖场以往的 PI 值，在此基础上决定出目标值。

先按照好卖、不好卖、节假日划分出三个范围，再将月内的畅销商品按照以上的分类进行销售。根据以往的实际业绩，记录下每种商品达到最高件数 PI 值时所采取的销售方法。

尽管年末或节假日采用这种方案的店铺很多，可在平常我们就应该时刻保持这种意识。利用目标件数 PI 值 × 平均单价 = 金额 PI 值的公式，设定出金额 PI 值。”

·入口处的水果展区　件数 PI 值　200 件/金额 PI 值 3 万日元

件数 PI 值 × 商品的平均单价 = 金额 PI 值（200 件 × 150 日元 = 3 万日元）

·干货区（水果的相关产品）件数 PI 值　50 件/金额 PI 值 6000 日元

件数 PI 值 × 商品的平均单价 = 金额 PI 值（50 件 × 120 日元 = 6000 日元）

·主通路侧的水产品卖场　件数 PI 值　60 件/金额 PI 值 1 万 8000 日元

件数 PI 值 × 商品的平均单价 = 金额 PI 值（60 件 × 300

日元=1 万 8000 日元)

·干货区（生鲜水产品的相关产品） 件数 PI 值 30 件/金额 PI 值 3600 日元

件数 PI 值×商品的平均单价=金额 PI 值（30 件×120 日元=3600 日元）

店长:“像这样决定了 PI 值的目标后，在验证的同时就是怎样完成销售预算的问题了。”

水产部新课长:“还可以跨部门考虑肉禽和日配部门的策略。”

店长:“确定了 PI 目标值和顾客数量，就可以预测销售数量和销售金额了。”

预测销售数量（件)= 件数 PI 值（件)×预测顾客数量(人)÷1000

预测销售额（日元)= 金额 PI 值（日元)×预测顾客数量(人)÷1000

水产部新课长:“原来确定了 PI 值，就可以预测出销售金额和销售数量。”

店长:“不过这也只是纸上谈兵，利用推测的 PI 值和顾客数量，得出的不过是一种推测结果而已，实际情况不一定和想象的结果一样好。重要的还是怎样才能达到预测以上的数值。”

水产部新课长:“对！还要想想怎样努力销售，不能被预测的数据束缚。”

店长:“前些日子在销售女儿节的什锦寿司时，就出现过这样的事情。因为去年什锦寿司的件数 PI 值是 18 盒，所以预测当天会有 1500 人来店里购物，而确定了销售计划。”

水产部新课长：“算出来的是 27 盒吗？”

·预测销售件数　18 件×1500 人÷1000 人=27 件

店长：“是的，这是基于去年的实际业绩算出来的预测件数。如果最初真按照算出来的 27 盒准备的话，想再销售更多的数量也是不可能的。”

水产部新课长：“确实是这样，这还是按照去年的老方案计算出来的结果。”

店长：“没错，今年我们不仅利用端架进行销售，还张贴了印有特卖品照片的女儿节海报。寿司的价格提高到了 498 日元，外观也非常漂亮！结果来店购物的顾客比预测的人数多了 100 人，达到了 1600 人，卖出了 68 盒寿司，是预测盒数的 2.5 倍。”

水产部新课长：“看来一定不能满足于现有实绩啊。”

店长：“正是这样。以下是全新的 PI 值目标。”

·件数 PI 值　68 件÷1600 人×1000≈43 件

·金额 PI 值　3 万 3864 日元÷1600 人×1000=2 万 1165 日元

店长：“像什锦寿司这样的商品，不管是从价格、外观、种类，还是销售场所或促销等方面都会引起实际业绩大幅度变化。要想发掘出潜力商品，必须时刻记得纠正各商品的不足之处，将商品打造成店里独有的商品。”

根据购买件数与上一年比值，推测顾客对商品的满意度

本章节需要记住的公式

- 平均每人的购买件数（件）= 销售件数（件）÷ 顾客数量（人）
- 平均每人的购买件数与上一年比值（%）
  = 当期平均每人的购买件数（件）÷ 前期平均每人的购买件数（件）× 100%

店长："我们用件数 PI 值算出了每一千位结账顾客购买某种商品的数量，再算出每人的购买件数就可以分析出顾客对商品的满意度了。"

水产部新课长："具体是怎样的呢？"

店长："可以通过购买件数与上一年比值看出顾客对商品的满意度。

如果顾客的满意度高，顾客数量就会增加，买的东西也会增多。相反，顾客如果对卖场不满意，来店购物的顾客会减少，购买的件数也会减少。

即使顾客数量维持不变，如果卖场无法让顾客获得满足感，顾客买东西的欲望仍然会减少，而让顾客感到满意，即使每次只多卖出一点儿，顾客的购买件数也会不断增加。"

平均每人的购买件数（件）= 销售件数（件）÷ 顾客数量（人）

平均每人的购买件数与上一年比值（%）

=当期平均每人的购买件数（件）÷前期平均每人的购买件数（件）×100%

店长："下图列举了销售额增长最多的熟食部门和销售额下跌幅度最大的日配部门的例子，让我们来比较一下平均一天中的顾客数量及购买件数的变化趋势。每年熟食部门都会开发新的商品，并追求商品的季节感和新鲜度，平均每位顾客的购买件数着实增加了不少。而日配部门很难和药妆店的价格相抗衡，顾客的购买件数呈现出减少的趋势。虽然现在仍在不断地改革，积极地引进不同于药妆店里一般商品的本地商品，但想要好转还需一段时间。"

熟食与日配购买件数的变化趋势

项目		前年		去年		今年	
		实际业绩	与上一年比	实际业绩	与上一年比	实际业绩	与上一年比
平均每日的顾客数量（人）		1234	98.2	1247	101.1	1172	94
购买件数（件）	整个部门	10.92	100.8	10.79	98.8	10.54	97.7
	熟食部门	1.25	103.3	1.31	104.8	1.38	105.3
	日配部门	2.43	97.2	2.36	97.1	2.25	95.3

水产部新课长："那顾客的满意度又都取决于什么呢？"

店长："嗯，店铺的氛围、所售的商品、待人接客的态度等综合因素会影响到顾客对店铺的满意度。顾客会对是否有好的品质、合适的价格、适当的数量及种类，是否有好的促销力度、商品吸引力、销售能力、新鲜度等进行综合评估。

甩卖、零售只能起到让购买件数增多的短期效果，很多情况下反而会导致平均单价降低，销售额和顾客数量减少的后果，不是长久之计。

要想让顾客满意，重要的是积累店铺在顾客心目中的信用，而不是光想着怎样创造收益而忽略了顾客的感受。”

水产部新课长：“明白了。”

第七章

如何利用数据，扩大客户层

挖掘老年顾客的消费需求

灵活应用数据的要点

对于食品超市而言，扩大客户层是迫在眉睫的课题。

其中一个原因是随着老年顾客数量的增多，必须想办法吸引更多的老年人前来购物。

另一个原因就是随着销售食品的业态的扩大，很多原本作为食品超市的主要消费力量的女性顾客开始转向综合型店铺购物。

想扩大客户层，就要在充分了解客户需求的情况下，掌握各客户层的购物动向。方法之一就是利用不同时间段的销售额构成比和 ABC 分析。

特别是会成为今后重要客户力量的老年人，一般都习惯上午去附近的商店购物，这点从时间段销售额构成比上就可以看出来。与此同时，我们应创造各项条件，以提高预测的准确率。

即使是零售业，一样可以充分利用 ABC 分析和 PI 值，从中获取特定客户层来店购物的动向及变化。

具体方法如下。

①利用不同时间段的销售额和顾客数量等数据，掌握全天的动向

必须按照不同的时间段掌握该时段的销售额和顾客数量。当前行业间竞争激烈的状况下，竞争早已不仅存在于食品超市之间，大型超市、百货商店（地下食品大卖场）、药妆店、便利店甚至是外卖等行业都加入到了竞争的行列中。

②确认各时间段的上一年比值

需要将销售额、顾客数量和客单价，按照上午、下午和傍晚的各高峰时间段分开，并和上一年做比较，以便掌握哪个时间段营业额上涨，哪个时间段营业额下跌。然后再从出现变化的各时间段中，利用平均单价和购买件数等参数，对引起变化的原因加以研究。

③查明数值发生变化的原因

和上一年同期的不同时间段做比较，还可以洞悉竞争店铺的动向。竞争对手举办限时购物等活动时，自己所在店铺该时间段的营业额和顾客数量就会降低。

在与其他业态的店铺竞争中，早晚高峰时段的销售额和顾客数量都会受到影响。竞争对手的卖场面积、距离及人气度的不同，对自身所在店铺的影响也不同，所以一定要清楚哪个店才是自己真正的竞争对手。

④对照竞争店铺，分析自己所在店铺的优势和劣势

到竞争店铺去实地考察，特别是在高峰时段，看和自己竞争的店里，哪个部门的客流最大，哪种范围的商品最受欢迎，并与自己所在的店相对照，获知自己所在店铺的优点和不足。

⑤了解商业圈的特点，发挥自身店铺的优势

对商业圈的特点进行调查。总结对自己所在店铺有利和不利的外部信息。重要的是清楚自身店铺的“优势”。

·发挥自身优势，抓住机会

·利用自身优势，找出自己和其他店的不同之处，发挥自身的特色

·克服自身店铺的弱点，避免错失良机

·集中致力于本店的重点项目

为做到上述几点，首先要对自己所在店铺做出正确的评估，而要客观准确地评估自己，就需要从对顾客的调查问卷着手。

⑥实施新的策略

听取顾客对所购物品的意见，将每天的销售情况记录下来。顾客数量和平均每人的购物件数是衡量市场的指标。

在这里所学的商品和空间效率是销售管理的基本项目，也是重要的数据。请在掌握基础知识的基础上加以实践。

利用不同时间段的构成比，掌握顾客的变化情况

本章节需要记住的公式

- 不同时间段销售额构成比（%）= 不同时间段的销售额（日元）÷ 全天销售额（日元）× 100%
- 不同时间段顾客数量的构成比（%）= 不同时间段的顾客数量（人）÷ 全天顾客数量（人）× 100%

水产部新课长：“最近好像平日上午，来店里买东西的老人增多了。”

店长：“我也觉察到了。咱们店的周围不是老房子就是新开发的楼盘，居住人口越来越多，上个月做了个客户调查，从中也得出了老年顾客增多的结论。现在来看看实际数据。”

本年度与上一年顾客数量和客单价的变化趋势
（本年度）

	10时	11时	12时	13时	14时	15时	16时	17时	18时	19时	20时	合计
销售额（千日元）	108	288	288	264	120	156	276	360	336	168	36	2400
销售额构成比（%）	4.5	12	12	11	5	6.5	11.5	15	14	7	1.5	100
顾客数量（人）	60	133	160	147	80	100	140	187	187	86	53	1333

（续表）

	10时	11时	12时	13时	14时	15时	16时	17时	18时	19时	20时	合计
顾客数量构成比（%）	4.5	10	12	11	6	7.5	10.5	14	14	6.5	4	100
客单价（日元）	1800	2165	1800	1796	1500	1560	1971	1925	1797	1953	679	1800

（上一年）

	10时	11时	12时	13时	14时	15时	16时	17时	18时	19时	20时	合计
销售额（千日元）	73	279	267	267	134	158	294	365	352	182	59	2430
销售额构成比（%）	3	11.5	11	11	5.5	6.5	12.1	15	14.5	7.5	2.4	100
顾客数量（人）	47	140	166	147	87	93	147	186	193	93	33	1332
顾客数量构成比（%）	3.5	10.5	12.5	11	6.5	7	11	14	14.5	7	2.5	100
客单价（日元）	1553	1993	1608	1816	1540	1699	2000	1962	1824	1957	1788	1824

店长："星期二的营业额最接近平均每天的总销售额，该表就显示出了周二不同时间段的销售额和顾客数量的变化。去年的销售额是 243 万日元，今年的销售额是 240 万日元。顾客数量分别是 1332 人和 1333 人。"

水产部新课长："销售额减少了一点。"

店长："没错，不过再仔细看看不同时间段的销售额构成比和顾客数量构成比，就能了解上午的情况。通过不同时间段的构成比，可以清楚地看出高峰和低谷时段，我们可以根据这些数值制订出各时间段相应的对策。”

不同时间段销售额构成比（%）=不同时间段的销售额（日元）÷全天销售额（日元）×100%

不同时间段顾客数量的构成比（%）=不同时间段的顾客数量（人）÷全天顾客数量（人）×100%

·本年度

不同时间段销售额构成比（10万8000日元+28万8000日元+28万8000日元）÷240万日元×100%=28.5%

不同时间段顾客数量构成比（60人+133人+160人）÷1333人×100%≈26.5%

·上一年

不同时间段销售额构成比（7万3000日元+27万9000日元+26万7000日元）÷243万日元×100%=25.5%

不同时间段顾客数量构成比（47人+140人+166人）÷1332人×100%=26.5%

水产部新课长：“顾客数量构成比和去年的几乎相同，销售构成比却上涨了3%呀！”

店长：“是的，还要注意一下客单价的变化。”

·本年度客单价　68万4000日元÷353人≈1938日元

·上一年客单价　61万9000日元÷353人≈1754日元

水产部新课长：“涨了差不多200日元！”

店长：“是的，而且平均单价没变，还是210日元，平均每人的购物件数从去年的8.4件增加到了今年的9.2件。”

水产部新课长：“这么一说，是不是上午的积分促销起作用了呢？”

店长：“好像和积分促销有很大的关系。特别是住在附近的老人们避开了高峰时间来店里买东西。可能真的是因为住得近，又可以花积分，感觉很划得来，就多买了不少东西。”

水产部新课长：“说不定以后老年人会越来越多呢，需要重点关注一下。这么一来，是不是应该多进点儿老年人喜欢的商品呢？”

店长：“这个想法不错！如果可以，再关注一下发退休金那天的销售额是多少，发退休金的时候，消费金额应该是增加的。”

水产部新课长：“嗯，应该是的。”

店长：“现在知道上午来买东西的老年人增多了，可其他时间段的情况呢？都需要加以重视。营业额增加的时间段固然重要，但对营业额下降的时间段也不能忽视，一定要想办法加以改善。

仔细看一下从傍晚4点到傍晚7点这段时间的情况。”

·本年度

不同时间段销售额构成比　114万日元÷240万日元×100%=47.5%

不同时间段顾客数量构成比　600人÷1333人×

100%≈45.0%

·上一年

不同时间段销售额构成比　119万3000日元÷243万日元×100%≈49.1%

不同时间段顾客数量构成比　619人÷1332人×100%≈46.5%

水产部新课长：“和上午完全不同，无论是销售额还是顾客数量都减少了！”

店长：“再说说从去年开始到现在大概都有什么变化会影响营业额。”

水产部新课长：“嗯，附近的药妆店中的食品区域的规模扩大了，还有站前的大型超市重新做了装修，星期二的傍晚还增加了夜市。”

店长：“这么一来，肯定会对我们傍晚的营业额造成影响。特别是这个时间段下班的人多，很多人直接在站前买完东西就回家了，估计女顾客还会选择在药妆店买食品。从全天来看，虽然上午比以前卖得好，傍晚的时间还是要想好对策的。”

水产部新课长：“晚高峰的顾客一少，没卖出去的东西多了，容易产生废弃损失。可如果要减少货量，顾客的购物件数也会减少，恐怕会形成恶性循环。”

店长：“有这个可能。”

通过 ABC 分析，创造新的消费需求

水产部新课长：“针对老年人消费群体，如果能找到哪种商品在发退休金的日子和平日上午卖得好，说不定购买件数就会增加呢！”

店长：“说的没错，我们有一个分店就正在策划一个方案，针对老年人，在每周二开展长辈日活动。

招募 65 岁以上的顾客加入年长会员，可于周二参加积分促销活动，还可以送货上门，非常便于老年人购物。这样也可以让我们店有区别于其他年轻顾客多的大型超市或药妆店的特色。”

水产部新课长：“可什么样的商品卖得好呢？必须先布置好卖场。”

店长：“可以对长辈日的销售数据进行销售 ABC 分析。”

水产部新课长：“ABC 分析是什么呢？”

店长：“销售 ABC 分析是一种评估商品的方法，根据某范围内单品的实际销售业绩，分析出该商品对销售额的影响。

横轴按照商品的销售额从高到低的顺序排列，纵轴上的点代表了商品的累计销售构成比。再将累计销售构成比在 80% 以内的商品划分为 A 区，80%—95% 的商品划分为 B 区，其余的划分为 C 区。”

水产部新课长：“这么划分有什么用呢？”

根据销售额对商品所做的 ABC 分析

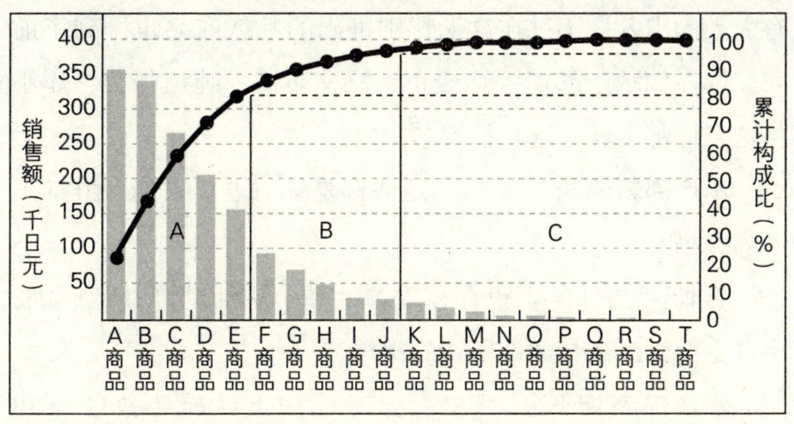

店长："再给你讲一讲排列法。

排列法认为八成的结果都是由两成的原因引起的。如图表所示，二十种商品中，从排在最前面的 A 商品到 E 商品共计五种商品，它们的销售额占了整个销售额的大约八成。也就是说，排在前面的仅占 25% 的商品品种，就创造了大约八成的销售业绩。"

水产部新课长："我还以为商品种类多一些才好呢，原来几种商品就可以创造这么高的销售额。"

店长："是的，所以 A 区的商品构成了销售额的基础部分，要摆放在顾客容易看到的地方，以免发生机会损失。还有，就是一定要找出 B 区和 C 区商品不好卖的原因。"

水产部新课长："据这个 ABC 分析结果，就可以知道老年人愿意买哪种商品，再将这些货摆放在好找的地方就行了。"

店长："对。可以看出销售额大的畅销商品和平日相比没有太大的出入，不过在这天特别推出的几款商品也排到了前面。像你们水产部门的烤鳗鱼、三文鱼肉、腌裙带菜、炸小鱼这几样都出现了这种情况。"

水产部新课长："是因为这些都是针对老年人消费群推出的商品吗？"

店长："当然了，也存在季节性和节庆活动等其他原因，不过主要原因还是像你所说的那样。"

水产部新课长："那么，这时能用上以前您教过的 PI 值吗？"

店长："嗯，PI 值排除了顾客数量的条件，利用平均每一千人的销售金额和销售数量值进行评估。从 PI 值高的商品中，选出老年人喜好的商品也是一个很好的办法。"

水产部新课长："对。"

店长："选择好主推的商品后，如果再根据毛利润额做一下 ABC 分析就更好了。"

水产部新课长："嗯？"

店长："就是将销售 ABC 分析里用到的销售额用毛利润额代替，横轴按照商品的毛利润额由高到低的顺序排列，纵轴上的点图代表了该商品的累计毛利润构成比。再将累计毛利润构成比在 80% 以内的商品划分为 A 区，80%—95% 的商品划分为 B 区，其余的划分为 C 区。

将这两个销售 ABC 分析图和毛利润 ABC 分析图叠加在

一起，对商品实施销售额和毛利润的双项评估，各种商品该如何销售如下表所示，清晰明了。”

根据销售额和毛利润额的贡献度对商品进行分类

大 ← 毛利润额 → 小

多 ↑ 销售额 ↓ 少

序号	A	B	C
A	销售额多×毛利润大 A×A	A×B	销售额多×毛利润小 A×C
B	B×A	B×B	B×C
C	销售额少×毛利润大 C×A	C×B	销售额少×毛利润小 C×C

店长：“按照纵轴是销售额区域、横轴是毛利润额区域，可以将各种商品划分成五个范围。例如，划分到 A×A 区域的商品是带动销售额和毛利润额的主力商品。各区域的特征如下表所示。”

销售不同商品的要点

销售额多×毛利润大（A×A）	畅销商品，并且利润最大，既能保证销售额又能保证利润。该区域商品要摆放在明显的位置，防止断货，加大该商品的宣传力度。陈列在大量销售、热卖等区域。
销售额多×毛利润小（A×C）	销量不错，但毛利润小。需要对该区域内商品重新定价。提高上货的效率，减少作业成本。很多海报中的特价品等损失最多的商品都属于这个范畴。有的店会采取省力的补充陈列方法销售（盒装鸡蛋、瓶装饮料、杯装面等商品）。

（续表）

销售额少×毛利润大（C×A）	销路不太好，不过毛利润额高的商品。这类商品要摆放在顾客容易看到的位置，并利用 POP 对商品的特征进行宣传。很多时候可利用广告、POP 和试吃等活动进行促销。作为企业的推荐商品可先以试用价进行销售。
销售额少×毛利润小（C×C）	销售额少且利润小的商品。这个区域的商品可能会被削减。如果即使减价也很难卖出去，就不要再进货了。如果是新商品，可以先以试用价销售一段时期，看效果如何再做决定。

店长："例如，如果老年人消费群体能够在长辈日购买毛利润率高，但平时不太好卖的商品，这些商品就有可能成为同时确保销售额和毛利润额两项指标的商品。腌裙带菜和炸小鱼的销售业绩就证明了这点。"

利用空间生产率，让陈列最佳化

本章节需要记住的公式

· 单品陈列数（F）= 整体陈列数（F）× 销售额构成比（%）

水产部新课长："卖场怎样布置才能吸引顾客的目光？"

店长："这取决于卖场的位置，还取决于商品的陈列位置。位置应选择顾客容易经过的地方，并且货物的陈列高度也应便于顾客拿放。

对于老年顾客而言，如果将商品摆放得过高或过低，让他们很难够到，他们就会觉得很不方便。所以我们要针对这一点，尽可能将卖场布置得便于老年人购物，让老年人愿意来我们店里买东西。

而且，由于必须在有限的空间中陈列商品，所以让商品容易被看到的同时，还必须考虑到销售的效率。"

水产部新课长："我们部门的烤鳗鱼、三文鱼肉、炸小鱼和腌裙带菜各占了 4 个排面，一共是 16 个排面。"

店长："销售单价是多少？"

水产部新课长："这几样的平均单价都不一样。烤鳗鱼每盒 1000 日元。三文鱼肉每盒是 399 日元。一盒里有三块。炸小鱼是 399 日元，腌裙带菜是 149 日元。"

店长："也就是说，平均单价便宜的货品占了空间的一大半。当然了，排面越大卖得越多，可从总体来看，必须好好评估一下销售的效率是高还是低，而这个评估的方法就是计算出空间生产率。”

水产部新课长：“空间也有生产率？”

店长：“空间生产率是一种通过控制陈列空间的数量和位置，将销售和利润最大化的方法。要想将空间的效率最大化，必须根据销售实绩决定好如何分配各种商品所占用的空间。很多是以销售额为基准对排面进行分配，也可以根据购买件数和毛利润额进行分配。如果是价格相同又不同类的多种商品或者有很多 SKU 的商品，就以顾客购买的件数为基准进行分配。在要求保证毛利润的区域，就要以毛利润额为基准计算出空间生产率。

下表就是以销售额为基准计算出空间生产率的例子，从中可以看出前面提到过的店铺开展四天长辈日活动中所用的空间和销售的关系。”

水产部门的空间生产率（例举以下四种商品）

商品	销售额		购买件数		排面		构成比的差值	
	实际额（日元）	构成比（%）A	实际数量（件）	构成比（%）B	实际数量（F）	构成比（%）C	A-C	B-C
总体	209400	100	500	100	16	100	–	–
烤鳗鱼	100000	47.8	100	20	4	25	22.8	–5
三文鱼肉	47760	22.8	120	24	4	25	–2.2	–1
炸小鱼	31840	15.2	80	16	4	25	–9.8	–9
腌裙带菜	29800	14.2	200	40	4	25	–10.8	15

水产部新课长："每种商品都被分到了四个排面，但实际销售业绩的差距却十分大！"

店长："从结果来看是这样的，可能有应该卖出去的商品却没有卖出去的情况出现。咱们现在就根据商品各自的销售额重新将 16 个排面分配一下。"

- **烤鳗鱼** 16F×47.8%≈8F
- **三文鱼肉** 16F×22.8%≈4F
- **炸小鱼** 16F×15.2%≈2F
- **腌裙带菜** 16F×14.2%≈2F

店长："根据数据绘制出的图表如下所示，横轴为空间构成比，纵轴是销售额构成比，将各种商品用点标注出来。越接近直线上升的斜线，空间生产率越高。以这个图形为基础，修改各个商品排面的数量，可实现销售额的最大化。"

销售额构成比与空间生产率的关系

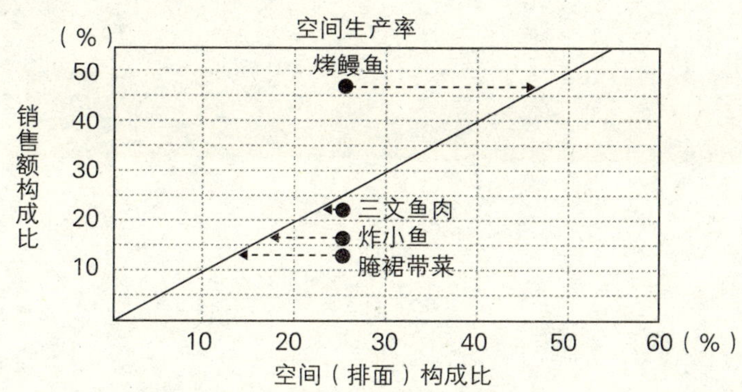

- **烤鳗鱼　　　扩大到 8F**
- **三文鱼肉　　保持 4F 不变**
- **炸小鱼　　　缩小到 2F**
- **腌裙带菜　　缩小到 2F**

水产部新课长：“也就是说，扩大陈列烤鳗鱼的排面，缩小炸小鱼和腌裙带菜的排面，会有助于销售额的增加。”

店长：“是的。当然了，空间生产率只是分配空间的一种方法，实际上对于单价低、周转很快的商品，还必须考虑到补充商品等所花费的时间和人力，因为这类商品的补充频率高。”

第八章

如何利用数据，提高收银能力

服务和效率二者兼顾

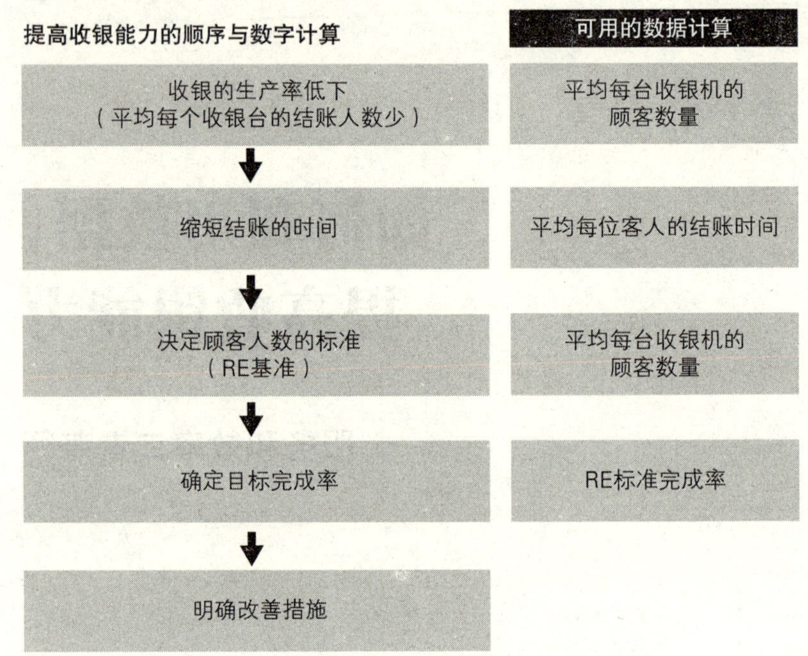

“提高服务的质量和水平”这句耳熟能详的口号，在实际工作中究竟能做到什么程度呢？能将这个目标数据化并加以实施吗？

说到服务的水平，首先就会想到服务质量，像用心待客、顾客至上及怎样使用礼貌用语等。

的确，这些对提升服务质量都是非常重要的。可当顾客在收银台结账时，最重要的就是工作人员的准确性和效率了。如果准确性和效率不高，而一味仅追求待客的方式，反而会进入服务的误区。

而且，收银台不直接和销售额挂钩，很容易让人认为难以对收银台的工作进行数据化分析。

可是，要想提高整个店铺的服务水平，将收银台工作数据化也不可或缺，不仅如此，还必须实施标准化，制订出收银动作熟练度和所耗费时间的基准值。这样，才能根据设定的标准对实际收银台的运营情况进行数据评估。

提高收银台运营效率的顺序与相应的数据计算

这里所说的提高服务水平不是指为了收益而提高的服务质量，而是指能够提高客户满意度并能让店铺高效运营的水平。

具体表现为在提高待客技巧和服务意识的同时，增加各收银台结账的顾客数量，提高收银台为顾客服务的水平。

首先，需要确定好不同时间段收银台运营的数量，从运营的收银台接待顾客的平均数量上，就可以了解是否存在闲置浪费或忙不过来的情况。

在收银台平均接待的顾客数量减少的时间段，需要减少运营的收银台的数量。相反，结账人数多的时间段增加收银台的运营数量，杜绝顾客很少而开放的收银台过多的现象。

当给每位顾客结账时，缩短结账的时间，注重培训，提高顾客对服务的满意度。不管是问候语、扫码、收钱还是结账后的感谢用语，都要对收银台课长逐条进行培训，从单个操作到待客的方法上，逐一明确各项内容及所需要的时间基准，训练全体收银台课长达到规定的水平。

为此，应该充分利用好每天开店前的时间，对员工进行培训。

通过平均每个收银台结账人数的数据，查看劳动时间是否合理

本章节需要记住的公式

- 平均每台收银机结账的顾客数量（人）= 不同时间段的顾客数量（人）÷ 运营的台数（台）
- 结账时间（秒）= 欢迎用语（秒）+ 商品扫码输入（秒）+ 收款找零（秒）+感谢用语（秒）

收银台课长（新员工）："最近，即使是高峰时间段也没那么手忙脚乱了，多亏店长在我忙的时候过来帮忙，真是太感谢了！我感觉工作越来越熟练了。"

店长："不光是因为我帮忙，还因为事先做好了工作规划。先预测好每小时结账顾客的人数，并适时开放了适量的收银台。而且我们一直都在进行培训，在扫码输入和收钱找零等各方面都有明确的规定和标准，收银台课长渐渐都能达到要求的水平，这也是非常重要的。"

收银台课长："我也觉得自己越来越像个合格的收银台课长了。不过因为我刚上班不久，对您所说的关于制订工作计划的方法还是不太明白，您能跟我讲讲吗？我也想早点儿学会。"

店长："好的，正好现在不忙，给你讲讲。以后每天早上晨会的时候你给我看看你做的关于第二天工作的计划书吧！我会告诉你一些需要改进的地方。"

收银台课长：“好的，谢谢您！”

店长：“首先，要确定工作计划的基本内容。

在做计划书的时候，先确认好各时间段需要的收银台的数量。将每小时分成四个时间段，定好每 15 分钟需要开放的收银台的数量。

下面这个图表中，上午 10 点到 11 点，来收银台结账的共有 80 位顾客，这 1 小时内安排了 3 位收银台课长收银，劳动时间数共为 3 小时。

工作管理计划表

年		月		日		星期	

○	收银	兑	兑换	精	细算	支	部门支援
开	开店前	清	清扫	休	休息	他	其他

姓名	收银台课长	9时				10时				11时				12时				13时				14时				
出勤者 1	1	清	清	清	清	○	○	○	○	○	○	○	○	○	○	○	○	休	休	休	休	○	○	○	○	
出勤者 2	1																									
出勤者 3	2	清	清	清	清	○	○	○	○	○	○	○	○	○	○	○	○	休	休	休	休	○	○	○	○	
出勤者 4	2																									
出勤者 5	3					○	○	○	○	○	○	○	○	○	○	○	○	○	○	○	○	休	休	休	休	
出勤者 6	3																									
出勤者 7	4											○	○	○	○	○	○	○	○	○	○	休	休	休	休	
出勤者 8	4																									
出勤者 9	5																	○	○	○	○	○	○	○	○	
出勤者 10	5																									
出勤者 11	6																	○	○	精	精	支	支	支	支	
出勤者 12	6																									
收银所需劳动时间（小时）						3.0				3.5				4.0				3.5				3.0				
顾客数量（人）						80				180				210				200				130				

将时间细分后，即使顾客的数量和预期的不一样，也可以重新细分并加以纠正。这个计划表的优点就在于对计划和改正之处都可以一目了然。”

收银台课长：“是的。”

店长：“接下来根据作业计划表的数据，利用下列公式，计算出各时间段平均每个收银台的结账人数。”

平均每台收银机的顾客数量（人）= 不同时间段的顾客数量（人）÷ 运营的台数（台）

· 10 时（每台）　80 人 ÷ 3.0 个劳动时间≈27 人

· 全天　1800 人 ÷ 37.0 个劳动时间≈49 人

服务标准
51 人

	15时				16时				17时				18时				19时				20时				劳动时间
	○	○	○	○	○	精	○	○																	
									○	○	○	○	○	○	○	○	○	○	○	精	○	○	○	○	
	○	○	○	○	精	○	○	○																	
									○	○	○	○	○	○	○	○	○	○	精	○	○	○	○	○	
	○	○	○	○	○	○	精	○																	
									○	○	○	○	○	○	○	○	○	○	○	○	支	支	支	支	
	支	支	支	支	○	○	○	精																	
									○	○	○	○	○	○	○	○	○	○	○	○	支	支	支	支	
	精	精	支	支	支	支	支	支																	
											○	○	支	支	支	支	支	支	支	支	支	支	支	支	
	支	支	支	支	支	支	支	支																	
	3.0				3.0				4.5				4.0				3.5				2.0				37.0
	150				170				270				240				120				50				1800

平均每台收银机顾客数量的变化趋势（小数点后第一位四舍五入）

时间	10时	11时	12时	13时	14时	15时	16时	17时	18时	19时	20时	合计
收银机运营台数（台）	3	3.5	4	3.5	3	3	3	4.5	4	3.5	2	37
不同时间段的顾客数量（人）	80	180	210	200	130	150	170	270	240	120	50	1800
平均每台收银机的顾客数量（人）	27	51	53	57	43	50	57	60	60	34	25	49

店长："例如，10 点到 11 点的一小时内平均每台收银机的结账人数为 27 人，也就意味着每位收银台课长要在一小时内给 27 位顾客结账。一天内平均每个收银台每小时的结账人数是 49 人。"

收银台课长："为了能快点给更多的顾客结账，我从刚来的时候到现在一直都在练习。"

店长："很好，虽然每个店铺都给收银台课长定了结账的标准，不过不努力练习的话还真可能跟不上。"

收银台课长："好的，我会继续加油的！"

店长："提高收银效率的问题在于不同时间经过收银台的平均顾客数量都不一样，既有忙的时候，又有闲的时候。所以，需要制订平均每个收银台每小时结账的顾客数，将实际的顾客数量通过增减开放收银台的台数调节成接近该标准的人数。"

收银台课长："制订目标的目的就在于此吧？"

店长："是的，看看斜线图就更清楚了。按照全天计算出的平均值 49 人引出一条直线，可以看出既有超出 49 人的时间段，又有低于 49 人的时间段。10 点时段结账的人数明显少于 49 人，开放过多的收银台就显得很浪费。而下午 4 点到 6 点的高峰时段人手又严重不足，需要调其他部门的人员来帮忙。”

收银台课长：“还真是这样，可到了傍晚 7 点到 8 点人没那么多了，又开始闲下来了。”

店长：“其实有时候还会受到天气和各种活动的影响，结账的人数有可能和预计的不一样。而且用兼职员工的时间也不是店铺单方面能决定的，也要看兼职员工是否能来。

因为受各种不同条件的影响，不可能每次都能正好将人员安排得恰到好处，但只要能将人员控制在接近于标准值的范围内，服务水平也达标的话，就可以避免出现人手不足或人员闲置的状况。每天的工作都相当于在反复验证计划制定得是否合理，并及时予以更改。”

收银台课长：“好的。”

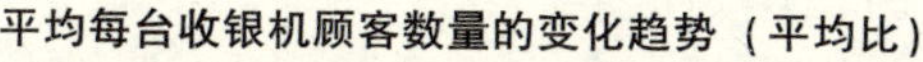

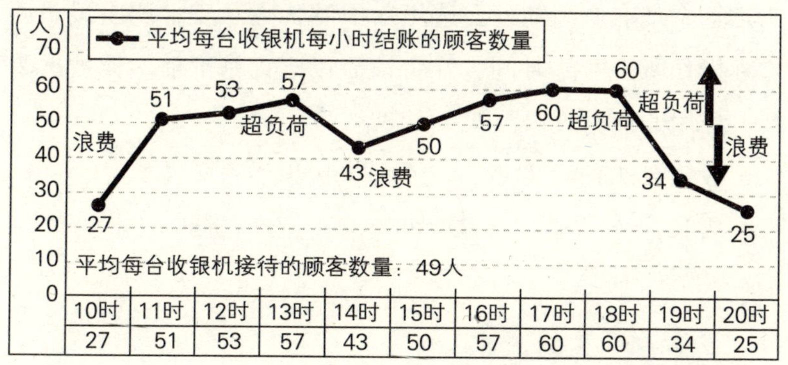

利用顾客数量基准完成率，考核收银的水平

本章节需要记住的公式

- 平均给每位顾客结账的时间标准（秒）= 欢迎用语（秒）+商品扫码输入（秒）+ 收款找零（秒）+ 感谢用语（秒）
- 平均每台收银机的顾客数量标准（人）= 3600（秒）÷ 平均给每位顾客结账的时间标准（秒）
- 顾客数量标准的完成率（%）= 平均每台收银机的顾客数量（人）÷ 平均每台收银机的顾客数量标准（人）× 100%

店长："平均每台收银机的顾客数量标准都是以实际操作测出的所花费的时间为依据制定出的顾客数量的标准值，一般被称作 RE（Reasonable Expectancy）基准值。那么我们店的 RE 基准值有多少你知道吗？"

收银台课长："知道，是平均每小时 51 人。"

店长："RE 基准值在日语中是'合理的期待值'的意思。决定这个基准值之前，会选出店里的优秀员工，测出该员工实际操作所需要的时间，并将该值设定为基准值。你被选为我们店里的优秀收银台课长了吧？"

收银台课长："是的，上个月确实用秒表测过了。"

店长："各步骤的标准时间是多少，还记得吗？"

每位顾客结账时所需要耗费的时间

项目		时间	说明
平均给每位顾客结账的时间	问候语	2 秒	您好！
	商品扫码输入	24 秒	购买件数 9.5 件 × 单件商品扫码所需时间 2.5 秒 ≈ 输入电脑 24 秒
	收款找零	26 秒	“总共收您现金××元” “找您××元”
	感谢用语	2 秒	“谢谢，欢迎下次再来！”
	总待客时间	70 秒	待客时间 54 秒 × 可变率 130% ≈ 总待客时间 70 秒
平均每小时待客客数			一小时 3600 秒 ÷ 总待客时间 70 秒 ≈ 每小时顾客数量 51 人

收银台课长：“根据前面的表格可以看出问候语 2 秒钟，扫码 24 秒，收钱找零 26 秒，感谢用语 2 秒，一共是 54 秒。可直接将 54 秒作为基准值太苛刻了，所以取了 130% 的可变率，将基准值定为 70 秒。”

店长：“如果基准值被定为每人 70 秒，60 分钟就是 3600 秒，算出来的每小时结账的 RE 基准人数就是 51 人。”

·平均每台收银机的顾客数量标准（人）= 3600（秒）÷ 平均给每位顾客结账的时间标准（秒）= 3600 秒 ÷ 70 秒 ≈ 51 人

收银台课长：“不过我还是不太明白为什么在不同的店，RE 基准值都不一样。”

店长：“那是因为顾客所购的商品件数不一样。扫码一件商品的时间大约是 2. 5 秒，如果购买件数差了两个，就差了 5

秒钟的时间，所以不同的店铺所制定的基准值都不一样。”

收银台课长：“原来是这样。”

店长：“以后还会引进半自助的收银系统，引进后收钱找零的时间就没有了。”

收银台课长：“这样一来，给每位顾客结账的时间又缩短了26秒，54秒-26秒=28秒。乘以130%的可变率，RE基准值就变成了100人，差不多是原来的两倍。”

平均每台收银机的顾客数量标准（人）=3600秒÷36秒=100人

店长：“实际上还要安排工作人员给顾客讲解使用方法。但真要实施的话会大幅度节省人力。”

收银台课长：“真厉害！”

店长：“现在每个店为了提高服务的质量，在能忙过来的情况下，都在努力提高RE的基准值。而要评估是否达到这个基准值的标准，可以通过计算顾客数量标准的完成率得知，公式如下。”

顾客数量标准的完成率（%）=平均每台收银机的顾客数量（人）÷平均每台收银机的顾客数量标准（人）×100%=49人÷51人×100%≈96.0%

店长：“到完成基准值还有4%的差距。这样吧，我再重新细分一下收银台的运营台数，尽量改善各时间段收银台服务的生产率。”

收银台课长：“好的，改善生产率的关键在哪里？”

店长："我在以下的表格中作出了总结，尽量避免出现人手不足或过剩的情况，你好好参考一下。"

为提高收银生产率制定的改进对策

	对浪费的情况加以改善	对超负荷运转加以改善
共同的改进对策	・对收银机的基本操作进行练习 ・对如何礼貌待客进行培训，并提高为顾客服务的效率	
运营方法的改善策略	・开店营业时合理安排换班人员（可兼任其他部门工作） ・午休时安排好轮休 ・在上午、下午及傍晚的部分时间段，使用兼职员工	・如果客流量过大，迅速补充人手并采取应急措施 ・实施双人上岗制（部门支援） ・人手不足时可增设收银台 ・购物车可推到停车场 ・缩短收银的时间
其他改善策略		・不要漏贴商品条形码 ・商品输入无遗漏 ・引进半自助和自助收银台

第九章

通过分析数据，有计划地进货

改善毛利润的预算化技术

灵活应用数据的要点

零售业的工作流程是订货→进货→库存→陈列→销售，这一流程称为销售规划循环。

如果用商品的动向来表示这个流程，就是商品前期的期初库存加上期中新进的商品，经过销售环节后，卖剩下的商品就是期末库存商品。

按照这个流程，进货预算（售价）就表示为**“销售预算+期末库存预算（售价）+损失预算－期初库存预算（售价）”**。

<table>
<tr><td rowspan="2">期初库存预算
（售价）</td><td>损失预算</td></tr>
<tr><td rowspan="2">销售预算</td></tr>
<tr><td rowspan="2">进货预算</td></tr>
<tr><td>期末库存预算
（售价）</td></tr>
</table>

如果按照一个月来考虑，月初库存预算指上一个月末的库存，月末库存预算指当月月末的库存。

将月末库存预算（售价）加上销售预算，再加上损失预算，减去月初库存预算（售价），差值为月进货预算。

实际是先做出销售预算，求出适当的库存预算，然后计算出进货预算。

实际的销售额应当超出销售预算，如果达不到预算指标，需要对进货预算进行调整。

利用进货预算，确定合理的期末库存

本章节需要记住的公式

- 期末库存预算（售价、日元）= 平均日售（日元）× 目标期末库存天数（天）
- 进货预算（售价、日元）= 销售预算（日元）+ 期末库存预算（售价、日元）+损失预算（日元）− 期初库存预算（售价）
- 进货预算（成本、日元）= 进货预算（售价、日元）× 成本率（%）

水产部新课长："大型超市一开业，竞争就会更白热化。虽然我们要想好销售的策略，可怎么确保毛利润也同样很重要。"

店长："为了提高价格的竞争力，某种程度上我们确实压低了毛利润率，可如果管理不到位，很多时候会出现毛利润受损的情况。"

水产部新课长："如果因为疏于管理出现了损失，那实在是太可惜了！"

店长："针对这一点，员工需要特别注意过剩库存的问题，库存过多，商品周转率降低，毛利润可能也会因为损失而降低。过剩库存和不良库存在经营过程中是有百害而无一利的。"

水产部新课长："怎样才能防止这种情况的出现呢？"

店长："做好月末库存预算，制订相应的进货计划。现在定的库存天数的基准是多少？"

水产部新课长："原来在这儿的人告诉我是两天半。"

店长："时间太长了，生鲜部门应该是 2 天。上一任课长任职的时候总是保有 3 天的库存，库存在任何时候都处于过剩的状态，损失率高达 12%。

卖场的陈列量多，降价损失跟着变多，冷藏库里还有没卖出去的 B、C 商品，都可能成为废弃损失。他对库存的意识太淡薄了。"

水产部新课长："是吗？"

店长："对于零售业来说，库存就是投资，应尽可能利用少的资金（库存），实现销售额和毛利润额的最大化。"

水产部新课长："怎么才能做到有计划地对库存进行控制呢？"

店长："要想维持合理的库存，必须对库存做出计划。库存计划要根据进货计划来做。

考虑到竞争对手要在 11 月份开一家新店，我们必须赶在对方开店前的 10 月末将库存天数从现在的 3 天下调到 2.3 天。降价损失也从 10% 下调到 7%。根据这个条件，新制订出的进货计划如下表。"

根据进货预算制定的计划

	7月（实际业绩）	8月（计划）	9月（计划）	10月（计划）
销售额（千日元）	8820	9036	9883	9839
月初售价库存（千日元）	1020	854	786	790

（续表）

	7月（实际业绩）	8月（计划）	9月（计划）	10月（计划）
月末售价库存（千日元）	854	786	790	729
目标库存天数（天）	3.0	2.7	2.4	2.3
损失额（千日元）	882	813	791	689
进货售价（千日元）	9536	9781	10678	10467
进货成本（千日元）	6284	6641	7314	7243
成本率（%）	65.9	67.9	68.5	69.2
损失率（%）	10.0	9.0	8.0	7.0

目标毛利润率：26.0%

店长：“以 7 月份的实际业绩为依据，试着计算出 8 月份的进货预算（成本）。先算出月末库存（售价）。”

8 月的月末库存（售价）= 平均日售 × 目标月末库存天数

=29 万 1000 日元 × 2.7 日 ≈78 万 6000 日元

店长：“用平均日售乘以目标月末库存天数求出月末库存（售价）。目标月末库存天数指月末节点的库存天数，一般企业会设定为月末节点。

尽管进货计划中要求 8 月末实现 2.3 天的目标库存天数，但突然削减库存可能会引起混乱。因此，现在正在拟订的计划中，要求在 3 个月后，也就是 10 月末争取完成目标。”

水产部新课长：“从表格中可以看出 8 月末库存（基础售价）的计划值是 78 万 6000 日元。”

店长：“是的，还是不希望月末库存天数在不同的月份有太大的变动。

正如以前讲过的一样，期末库存一增加，销售成本就会减少，毛利润会增加。相反，如果减少了期末库存，毛利润也会减少。

所以，除年末或各节假日外，基本上应该将库存天数控制在一定的水准上。”

水产部新课长：“所以月末库存天数几乎是固定的。”

店长：“对，接下来再求一下 8 月份的进货预算（售价）。按照下面的图表，月末库存预算（售价）加上销售预算和损失预算，再减去月初库存预算（售价），就得出了进货预算（售价）。”

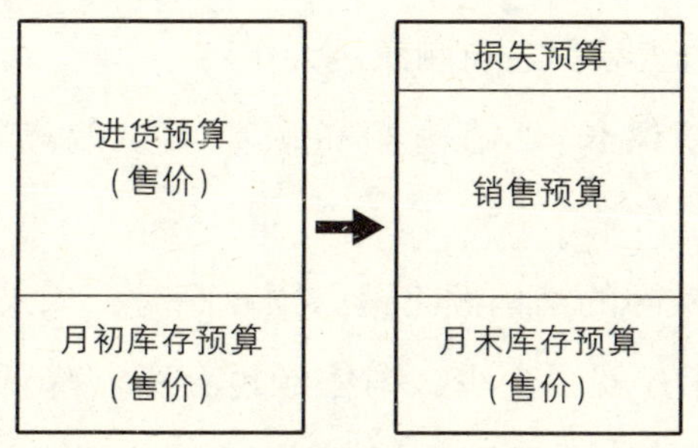

8 月的进货预算（售价）= 销售预算+月末库存预算（售价）+ 损失预算−月初库存预算（售价）

= 903 万 6000 日元+78 万 6000 日元+81 万 3000 日元−85 万 4000 日元

=978 万 1000 日元

店长："由加价率求出成本率，再计算出进货预算（基本成本）。"

·加价率（%）=［毛利润率（%）+损失率（%）］÷［100%+损失率（%）］×100%

=（26.0%+9.0%）÷（100%+9.0%）×100%

=35%÷109%×100%≈32.1

·成本率（%）=100%－加价率（%）=100%－32.1%=67.9%

进货预算（成本）=进货预算（售价）×成本率（%）

=978万1000日元×67.9%≈664万1000日元

店长："也就是说8月份的进货计划中，进货成本为664万1000日元，平均每天就是21万4000日元。利用这种进货结构，力争销售额和毛利润额最大化。"

水产部新课长："销售额和预算如果偏离得太远可怎么办？"

店长："实际的销售额比销售预算高时，如果完全拘泥于进货预算，库存就会变少，销售额也会跟着降低。所以，当实际的销售额有超出预算的趋势时，就必须增加进货预算。

反之，实际的销售额比销售预算低时，如果不下调进货预算，月末库存就会超出计划。"

水产部新课长："可年底一忙，就很难控制了。"

店长："像年底或节假日这些很忙的日子，虽然会划分成不同的期间来做销售预算，可还应该制作出相应的进货预算，并根据各日期的进货结构，采取措施预防出现库存过剩的情况。

虽然有的企业并未做进货预算，但决定好进货的标准（进货框架），提高数据计算管理的意识十分重要。”

利用交叉率，控制库存

本章节需要记住的公式

- 目标毛利润额（日元）=销售额（日元）×毛利润率（%）
  =平均库存（售价、日元）×商品周转率（次）×毛利润率（%）
  =平均库存（售价、日元）×交叉率（%）
- 平均库存（售价、日元）=目标毛利润额（日元）÷交叉率（%）

店长："库存计划中还会用到交叉率。还记得交叉率吗？"

水产部新课长："记得，是用毛利润率乘以商品周转率求出的用来表示商品自身效率的数值。举个例子来说，即使下调了毛利润率，如果商品的周转率高，该商品的收益率仍然会提高。"

店长："说对了，将这个公式代入库存公式，就能求出目标毛利润额。"

目标毛利润额（日元）=销售额（日元）×毛利润率（%）

=平均库存（售价、日元）×商品周转率（次）×毛利润率（%）

=平均库存（售价、日元）×交叉率（%）

店长："该公式不只是用量（金额）来对库存进行评估，也强调对质（库存内容）加以重视。"

水产部新课长："就是说库存的利润率和周转率都很重要。"

店长："是的。现在就算一下刚才例子中 10 月份的库存。”

平均库存（售价、日元）=目标毛利润额（日元）÷交叉率（%）

=（销售额×毛利润率）÷（毛利润率×商品周转率）

=（983万9000日元×26.0%）÷[26.0%×（983万9000日元÷72万9000日元）]

=255万8000日元÷351%≈72万9000日元

水产部新课长："和刚才的结果一样。"

店长："结果是一样，不过要注意的是商品的周转率不同，库存（售价）也跟着会变化。

"例如，库存天数从2.3天变成1.5天时，10月的商品周转率是20.7次（31天÷1.5天），这时库存（售价）按以下公式计算。"

·平均库存（售价）=255万8000日元÷（20.7次×26.0%）≈47万5000日元

店长："从以上公式能看出，即使库存从72万9000日元减少到47万5000日元，通过提高商品的周转率也能达成255万8000日元的目标毛利润额。即用少量的资金就能实现相同的毛利润额，都是255万8000日元。"

水产部新课长："难怪要提高库存效率！"

店长："就是这样，不过还必须注意削减库存和缩减商品不一样。"

削减库存与缩减商品的不同之处

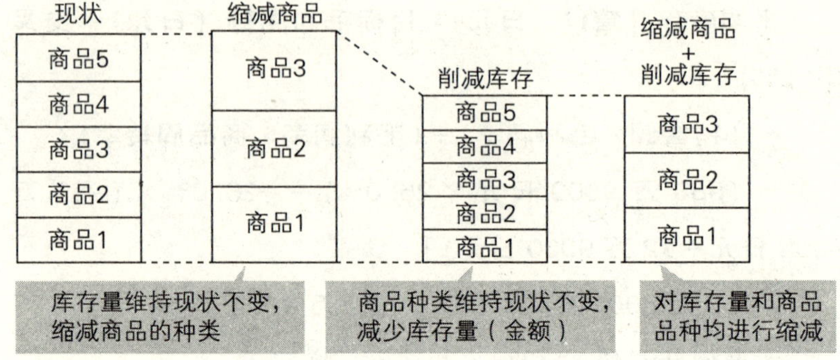

店长："缩减商品是质的问题。如果商品有五种，不改变库存的数量，将商品的品种减少到三种，结果是每种商品的陈列空间增加了。

而另外一种削减库存的方法是改变商品的量，即不改变商品品种的数量，而是减少每个品种的数量。

如果将二者相混淆可能会导致库存效率恶化。"

水产部新课长："明白了！"

第十章

如何利用数据，做销售预算

对年月周日做出递进式预算

灵活应用数据的要点

预算可以被看作经营的罗盘。预算的精度越高，与实际业绩的差额越小，对评估和验证实际工作的指导作用就越大。

下表记录了制订销售预算的流程和相应的数据计算。先做出全年的预算，再分别按照月份、星期和日期进一步做出预算。

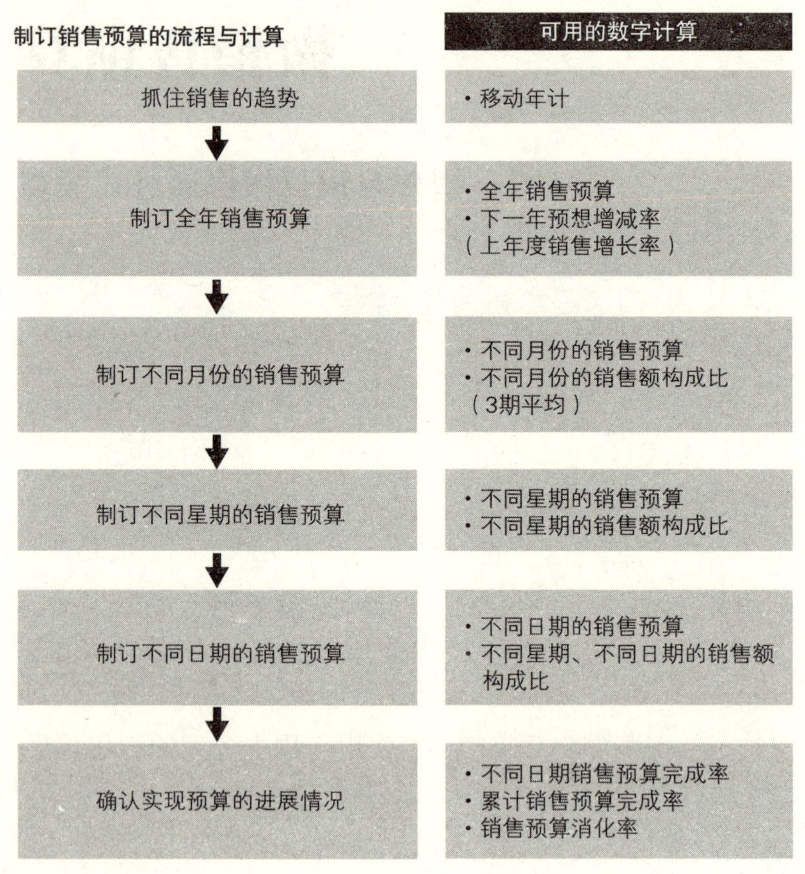

①抓住销售的趋势

根据移动年计，掌握从过去到现在的趋势。销售额的总趋势主要是增加还是减少，都可以通过移动年计查出来。

②制作全年销售预算

采用移动年计的方法，预测实际业绩的走向。实际的全年预算可以根据过去三年的销售额变化趋势制作出来，还可以根据目标利润制作出来。

③按照不同月份制作出各月的销售预算

由往年三期平均实际业绩求出的各月销售额构成比乘以全年销售预算额，制作出各月的销售预算。各月的销售额构成比会受到天气及店铺间的竞争等变动因素的强烈影响，所以采用了三期平均数值的数据。

④按照不同星期制作出各星期的销售预算

由往年三期平均实际业绩求出的各星期销售额构成比乘以当月的销售预算值，制作出各星期的销售预算。

受竞争对手开新店及节庆活动等影响，当销售额出现大幅度变动时，先利用上一年同期的各周构成比计算出各周的销售预算，再根据最近的实际业绩加以改动。

⑤制作出一周内各天的销售预算

将由往年的实际业绩求出的一星期内各天的销售额构成比乘以当月的销售预算额，制作出一周内各天的销售预算。由于节假日、连休、竞争店铺举办的活动等原因，一周内各天的构成比每年都会发生变化。

因受到各种影响而导致销售额出现大幅度变动时，利用上一年同期一周内各天的销售额构成比计算出各天的销售预算，再根据最近的实际业绩加以改动。

⑥确认预算完成率和预算消化率

计算管理中，对于目标，PDCA 的作用不容忽视，它对确认预算完成率和预算消化率、拟定方案对策都非常重要。其成果会影响到接下来的计划的制订，对积累销售知识和经验都是十分有帮助的。

通过移动年计，查看销售的趋势

本章节需要记住的公式

- 本期3月移动年计（日元）=上一期全年销售额（日元、2月期）+本期3月销售额（日元）－上一期3月销售额（日元）
- 本期4月移动年计（日元）=本期3月移动年计（日元）+本期4月销售额（日元）－上一期4月销售额（日元）
- 下一期的销售预算（日元）=本期预计销售额（日元）×下一期预测增减率（日元）

水产部新课长：“怎样才能做出正确的销售预算呢？”

店长：“要掌握销售的动向。可以从过去三年的各个月份的实际销售业绩中，利用移动年计的方法，找出销售额的走向。”

水产部新课长：“移动年计？”

店长：“对，移动年计，就是将一年中12个月的销售额总值按月份的移动计算得出的数值。举个例子，就像从去年3月到今年2月，或者从去年4月到今年3月这样计算。由移动年计的推移可掌握大致的趋势，并对单月出现的异常值进行纠正。”

水产部新课长：“明白了。”

店长：“现在我们就举每年都在增值的店铺的例子来说明一下。该店每年2月决算，所以销售的期间为上一年的3月起到本年度的2月。这12个月的总销售额减去上一期的3月的销售额，再加上这一期 3 月的销售额，就得出了从上一期 4 月起到本期 3 月的移动年计的数值。按照相同的顺序逐一计算，所得到的时序表如下所示。”

本期 3 月移动年计（日元）= 上一期全年销售额（日元、2 月期）+ 本期 3 月销售额（日元）- 上一期 3 月销售额（日元）= 1 亿 1380 万日元 - 960 万日元 + 970 万日元 = 1 亿 1390 万日元

销售额上涨的店铺的移动年计

月	销售额（千日元）		移动年计（千日元）	每月的移动年计
	上一期	本期		
3	9600	9700	113900	上一期 4 月—本期 3 月的年计
4	9000	9100	114000	上一期 5 月—本期 4 月的年计
5	9100	9150	114050	上一期 6 月—本期 5 月的年计
6	8700	8800	114150	上一期 7 月—本期 6 月的年计
7	9000	9200	114350	上一期 8 月—本期 7 月的年计
8	9300	9450	114500	上一期 9 月—本期 8 月的年计
9	10100	10400	114800	上一期 10 月—本期 9 月的年计
10	10000	10300	115100	上一期 11 月—本期 10 月的年计
11	8800	9000	115300	上一期 12 月—本期 11 月的年计
12	12000	12300	115600	上一期 1 月—本期 12 月的年计
1	9400	9600	115800	上一期 2 月—本期 1 月的年计
2	8800	9000	116000	上一期 3 月—本期 2 月的年计
合计	113800	116000		

店长："这里列出的是由两期的数据计算出的移动年计，如果要算三期的移动年计，如下图所示绘制成图表，趋势就更明显了。"

由三期的销售额看移动年计的移动趋势

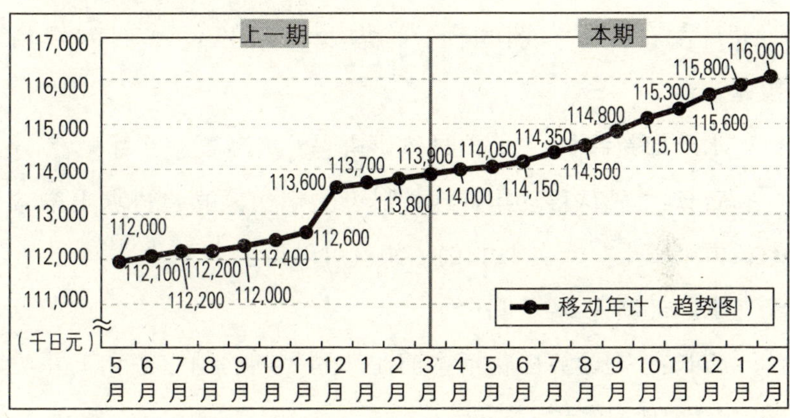

水产部新课长："斜线是向上增长的趋势。"

店长："这个店是新店，开店的时间并不长，销售额还在继续上涨，显示出的就是直线上升的趋势。销售额稍微增加的店铺的斜线会呈现出平稳的上升趋势，而每个月的营业额都较前一年少的店铺，所呈现的斜线就是直线下降的趋势了。"

水产部新课长："原来如此。"

店长："移动年计就是算出到上个月截止的销售年计，加上今年和上一年当月销售额的差额所得出的数值。将上一年某月的销售额和今年该月的销售额相比较，如果下跌，销售年计就跟着下跌，如果上涨，销售年计就跟着上涨。”

水产部新课长：“那么在下一期的销售预算里，怎么才能用到移动年计呢？”

店长：“首先，可从移动年计中推测出本期的全年销售额，也就是期末截止到下一年 2 月的全年销售额。一般都是在 1 月左右做下一期的预算，需要计算出 1、2 月的销售预算。”

水产部新课长：“能再具体讲讲吗？究竟要怎么算呢？”

店长：“先从移动年计或者最近的销售额的趋势求出增减率，再乘以上一年各月的销售额就可以得出来了。”

水产部新课长：“明白了。”

店长：“需要算出包括本期在内的 3 期的销售额和上一年的同期相比的增减率数值。如下表所示，上一年比值是 101.9%，本期的预计值也是 101.9%。”

从已有的实际业绩对下一年度的销售额做出预测

	上期的再上一期	上期	本期	下期
	实际业绩	实际业绩	根据实际业绩估测值	预计
销售额（千日元）	111700	113800	116000	118320
前期对比（%）	–	101.9	101.9	102.0

水产部新课长：“每年都增长了 1.9%呀！”

店长：“是的，从本期期末的移动年计中，应该也能预测到销售额是呈直线上升趋势的。所以，下一期也是根据现在与上一年比值推测销售额会增加，用本期的预计销售额乘以102%，就可以决定出下一期的销售预算。”

下一期的销售预算＝本期预计销售额×下一期预想增减率

＝1 亿 1600 万日元×1.02＝1 亿 1832 万日元

水产部新课长：“虽然是根据趋势计算出来的，但移动年计对查看销售额的趋势和做销售预算都是很重要的。”

根据不同月份的销售预算，决定每月的目标

> **本章节需要记住的公式**
>
> · 不同月份的销售额构成比（%）= 不同月份的销售额（日元）÷全年销售额（日元）×100%
>
> · 不同月份的销售预算（日元）= 全年销售预算（日元）×不同月份的销售额构成比（%）
>
> ＊不同月份的销售额构成比为 3 期平均值

店长："决定全年的销售预算后，接下来就是将全年预算落实到各月的问题了。各月预算在管理预算的进展中是最重要的一个环节。"

水产部新课长："那么各月的预算是怎么算出来的呢？"

店长："利用各月的销售额构成比，将年间预算分配到各月。为准确起见，销售额构成比利用的是 3 期的平均值。

例如，3 月的销售额构成比分别是上上期的 8.50%、上期的 8.44%和本期的 8.36%，通过计算，得出 3 期的平均销售额构成比是 8.43%。"

不同月份的销售额构成比（%）= 不同月份的销售额（日元）÷全年销售额（日元）×100%

·3 月的销售额构成比（%）=［上上期的销售额构成比（%）+ 上期的销售额构成比（%）+ 本期的销售额构成比（%）］÷3=（8.50+8.44+8.36）÷3≈8.43

店长:“再用相同的方法求出其他月份的平均销售额构成比，将该数值乘以下一期的全年预算值，计算出各月的销售预算。例如 3 月的销售预算，就是用全年销售预算 1 亿 1832 万日元乘以 8.43% 的销售额构成比，求出了 997 万日元的预算额。”

各月销售额构成比的 3 期平均值与下期各月的预算

月	销售额构成比（%）				下期各月的销售预算（千日元）
	上上期	上一期	本期	3 期平均值	
3	8.50	8.44	8.36	8.43	9970
4	7.97	7.91	7.84	7.91	9360
5	8.06	8.00	7.89	7.98	9440
6	7.70	7.64	7.59	7.64	9040
7	7.97	7.91	7.93	7.94	9390
8	8.33	8.17	8.15	8.22	9730
9	8.95	8.88	8.97	8.93	10570
10	8.86	8.79	8.88	8.84	10460
11	7.70	7.73	7.76	7.73	9150
12	9.85	10.54	10.60	10.33	12220
1	8.33	8.26	8.28	8.29	9810
2	7.79	7.73	7.76	7.76	9180
合计	100.0	100.0	100.0	100.0	118320

* 销售预算的小数点后一位按照四舍五入进位

3 月份的销售预算=全年销售预算×3 月的销售额构成比

=1 亿 1832 万日元×8.43%≈997 万 4000 千日元

利用各周、各天的预算额对销售额进行管理

本章节需要记住的公式

- 各周销售额构成比（%）= 各周销售额（日元）÷ 各月销售额（日元）× 100%
- 各周销售预算（日元）= 各月销售预算（日元）× 各周销售额构成比（%）
- 各周内各天的销售额构成比（%）= 当天的销售额（日元）÷ 该月的销售额（日元）× 100%
- 各天的销售预算（日元）= 各月的销售预算（日元）× 当天的销售额构成比（%）

店长：“超市的一项基本工作就是以星期为单位，制订出一周的销售计划。像生鲜商品有淡旺季之分，而各种地域性活动和季节性活动都必须以周为单位进行应对，这被称作 52 周销售规划，因此必须做出各星期的销售预算。”

水产部新课长：“该怎么算呢？”

店长：“方法和按月计算相同。首先从过去的销售数据中得出各周的销售额构成比。”

水产部新课长：“像刚才您说过的按照一年 52 个星期考虑？”

店长：“对！将一年分成 52 个星期，分别算出各星期在全年销售额中所占的比例。例如，年初的 3 月是第 1 个星期到第 4 个星期，6 月是第 14 个星期到第 18 个星期。”

水产部新课长：“我明白了。”

店长：“各周的销售额构成比表示各周在当月的销售额中所占的比例。和做不同月份的预算的算法一样，基本上都追溯过去3期的数据，然后算出它们的平均值。”

水产部新课长：“那竞争对手开新店的时候，也都是这样算的吗？”

店长：“这个问题问得好！出现异常的数值时，用上一年的各周构成比计算出各周的销售预算后，再根据最近的实际值对数据进行修改。”

水产部新课长：“最近，附近又开了一家便利店和一家药妆店……”

店长：“是的，最近的情况和前两期都不同，就用去年的实际值计算构成比吧！”

水产部新课长：“但有的星期是跨月的……”

店长：“说的对，就拿6月来举例吧，6月虽然包含了第14周到第18周，可第14周和第18周有一些日子事实上是在5月和7月。

但考虑到卖场策划、促销等52周销售规划的联动性，还是以各星期为单位做预算比较好管理。后面我们要讲到的各天预算是以月份为单位进行管理的。”

水产部新课长：“明白了。”

店长：“咱们现在试着算一算下一期第14周的销售预算。本期第14周的销售额构成比在当月所占的比例是20.4%，可以利用该数值，计算出下一期第14周的销售预算是184万

3000 日元。”

各周销售额构成比（%）= 各周销售额（日元）÷ 各月销售额（日元）× 100%

· 14 周的各周销售额构成比　179 万 4000 日元 ÷ 880 万日元 × 100% ≈ 20.4%

各周销售预算（日元）= 各月销售预算（日元）× 各周销售额构成比（%）

· 14 周的销售预算　903 万 5000 日元 × 20.4% ≈ 184 万 3000 日元

水产部新课长：“按日期做预算也是这样？”

店长：“是的。先求出各周内各日期的销售额构成比，再乘以下一年度该月的销售预算。”

水产部新课长：“各周内各日期的销售额构成比又是怎么得出来的？”

店长：“分母是该月的销售额，分子是当天的销售额。看一下，本期第 14 周星期四（6 月 2 日）的销售额是 24 万 6000 日元，6 月份的销售额是 880 万日元，就可以得出第 14 周周四的销售额构成比是 2.8%。”

各周内各天的销售额构成比（%）= 当天的销售额（日元）÷ 该月的销售额（日元）× 100%

本期 14 周：星期四的销售额构成比 = 24 万 6000 日元 ÷ 880 万日元 × 100% ≈ 2.8%

水产部新课长：“原来是这么算出来的。这么说来，下一期第 14 周周四的销售额也是用当月的销售预算乘以 2.8% 求出来的吧？”

店长：“就是这样算出来的。”

各天的销售预算（日元）= 各月的销售预算（日元）× 当天的销售额构成比（%）

·下一期 14 周：星期四的销售预算　903 万 5000 日元×2.8%≈25 万 3000 日元

店长：“虽然要算出所有星期内各天的数值要花一些工夫，但这种方法一定要掌握。这样就可以将各年度的预算额落实到各月、各星期和各天，会非常详尽。”

水产部新课长：“嗯，这样整个预算就做成了！我也打算按这种方法试着做一下预算。”

店长：“最后再讲一条关于预算的事。虽然在管理每天的营业活动中做好预算非常重要，可更重要的是要掌握预算的完成率，如果出现延滞就要采取有效的措施加以解决。

所以，一定要经常确认不同日子、不同星期、不同月份的进展情况，对已经出现的或可能出现的预算延滞现象保持敏锐的洞察力，不能纸上谈兵，必须对所属部门负起责任，在实际工作中加以实施。”

本年度各周内各天的销售额构成比（14—18周）

序号	星期	周一	周二	周三	周四	周五	周六	周日	合计
14周	日期	5/30	5/31	6/1	6/2	6/3	6/4	6/5	
	销售额（千日元）	220	220	236	246	273	229	370	1794
	构成比（%）	2.5	2.5	2.7	2.8	3.1	2.6	4.2	20.4
15周	日期	6/6	6/7	6/8	6/9	6/10	6/11	6/12	
	销售额（千日元）	220	229	236	273	273	246	371	1848
	构成比（%）	2.5	2.6	2.7	3.1	3.1	2.8	4.2	21
16周	日期	6/13	6/14	6/15	6/16	6/17	6/18	6/19	
	销售额（千日元）	221	221	237	237	212	236	326	1690
	构成比（%）	2.5	2.5	2.7	2.7	2.4	2.7	3.7	19.2
17周	日期	6/20	6/21	6/22	6/23	6/24	6/25	6/26	
	销售额（千日元）	220	229	212	246	220	220	343	1690
	构成比（%）	2.5	2.6	2.4	2.8	2.5	2.5	3.9	19.2
18周	日期	6/27	6/28	6/29	6/30	7/1	7/2	7/3	
	销售额（千日元）	220	220	221	255	246	264	352	1778
	构成比（%）	2.5	2.5	2.5	2.9	2.8	3	4	20.2
14—18周（6月）合计	销售额（千日元）	1101	1119	1142	1257	1224	1195	1762	8800
	构成比（%）	12.5	12.7	13	14.3	13.9	13.6	20	100

下一年度各周内各天的销售额构成比（14—18周）

序号	星期	周一	周二	周三	周四	周五	周六	周日	合计
14周	日期	5/29	5/30	5/31	6/1	6/2	6/3	6/4	
	销售额（千日元）	226	226	244	253	280	235	379	1843
	构成比（%）	2.5	2.5	2.7	2.8	3.1	2.6	4.2	20.4

（续表）

序号	星期	周一	周二	周三	周四	周五	周六	周日	合计
15 周	日期	6/5	6/6	6/7	6/8	6/9	6/10	6/11	
	销售额（千日元）	226	235	244	280	280	253	379	1897
	构成比（%）	2.5	2.6	2.7	3.1	3.1	2.8	4.2	21
16 周	日期	6/12	6/13	6/14	6/15	6/16	6/17	6/18	
	销售额（千日元）	225	226	245	245	216	244	334	1735
	构成比（%）	2.5	2.5	2.7	2.7	2.4	2.7	3.7	19.2
17 周	日期	6/19	6/20	6/21	6/22	6/23	6/24	6/25	
	销售额（千日元）	226	235	216	253	226	226	353	1735
	构成比（%）	2.5	2.6	2.4	2.8	2.5	2.5	3.9	19.2
18 周	日期	6/26	6/27	6/28	6/29	6/30	7/1	7/2	
	销售额（千日元）	226	225	225	262	253	272	362	1825
	构成比（%）	2.5	2.5	2.5	2.9	2.8	3	4	20.2
14—18 周（6 月）合计	销售额（千日元）	1129	1147	1174	1293	1255	1230	1807	9035
	构成比（%）	12.5	12.7	13	14.3	13.9	13.6	20	100

第十一章

如何利用数据分析，提高经营安全度

店长必备的经营理念

灵活应用数据的要点

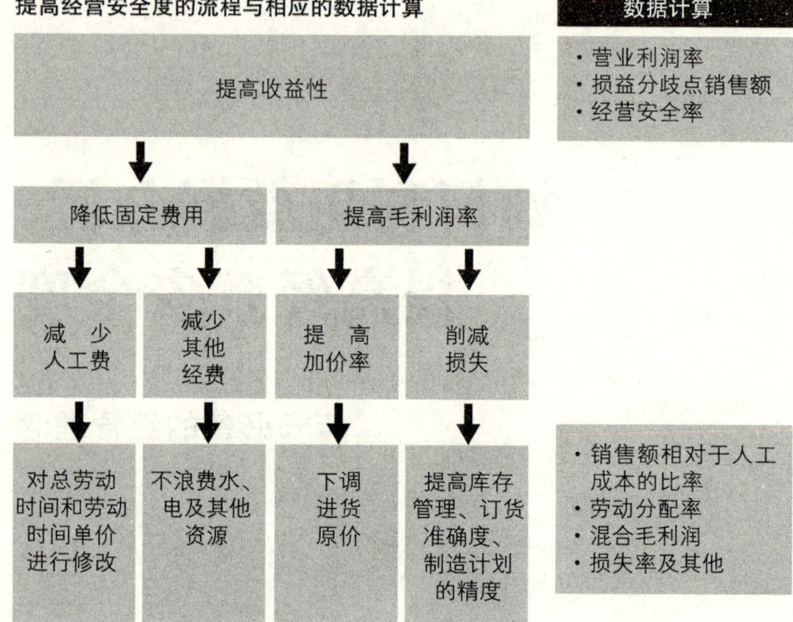

损益分歧点销售额指既没有损失又没有收益的销售额，即“销售额－费用＝0”。也就是说当高于这个销售额的数值时，就获得了收益。

在经营店铺时，要尽可能降低这个损益分歧点销售额的数值，寻求在激烈的竞争中生存的办法。

损益分歧点销售额可以通过“**固定费÷边际利润率**”的计算公式得出。要想降低损益分歧点销售额的数值，既可以通过努力提高白天的工作效率、减少分子的固定费用，也可以通过努力上调分母的边际利润率（毛利润率）来实现。

不仅店长需要关注损益分歧点销售额的问题，课长的工作也和这个数值密切相关。要想晋升为店长，必须有成本意识，意识到毛利润管理的重要性。

利用营业利润率，对经营进行评估

本章节需要记住的公式

- 毛利润额（日元）= 销售额（日元）× 毛利润率（%）
- 营业利润额（日元）= 毛利润额（日元）– 营业费（日元）
- 营业利润率（%）= 营业利润（日元）÷ 销售额（日元）× 100%

水产部新课长：“常听人说‘赤字’这个词，到底指的是哪一种经营情况？”

店长：“赤字就是收益为负值，亏损的状况。如果在经营店铺时，运营店铺所需要的经费高于毛利润额，店铺就成了赤字的亏损状况。”

· 黑字　毛利润额>营业费

· 赤字　毛利润额<营业费

店长：“虽然我们总是将获利统称为收益，其实在经营店铺时可大致将收益分成五种，也就是毛利润、营业利润、经常利润、税前当期净利润和当期净利润。下图就表示出了这些利润之间的关系，其中涵盖了从毛利润到当期净利润各阶段的损益情况。”

水产部新课长：“它们之间有什么区别呢？”

店长：“我们已经讲过毛利润的概念，就是从销售额中减去销售成本所得出的数值。

营业利润又是从毛利润额中减去营业费用所得出的金额。

而其他利润也都是从上一阶段的利润中减去各损益，如经常利润是营业利润减去利息支付等营业外损益，税前当期净利润是经常利润减去变卖固定资产等特别损益，而当期净利润是减去法人税等。”

销售额	销售成本				
	毛利润	营业费			
		营业利润	营业外损益		
			经常利润	特别损益	
				税前当期净利润	法人税等
					当期净利润

毛利润额（日元）= 销售额（日元）× 毛利润率（%）

营业利润（日元）= 毛利润额（日元）– 营业费（日元）

水产部新课长：“原来利润分为这么多种，其中，课长负责的利润应该是毛利润吧？”

店长：“是的。不同的公司情况会有些不同，不过课长确实是要对销售额和毛利润负责。

店长作为店里的负责人，还必须对营业利润的预算负责。店长的工作包括确保实现毛利润、管理营业费用（经费）和实现营业利润等内容，以保证店铺的正常运营。

作为课长，应该了解营业利润是怎样计算出来的。要想晋升成店长，必须学会站在经营的角度看待和解决问题。”

水产部新课长："嗯，好的。"

店长："知道营业费用里都包括哪些费用吗？"

水产部新课长："嗯，应该是运营店铺所需要花费的费用吧？员工的工资、水电费……"

店长："还有办促销时所需要的花费，以及设备费、办公用品等各类杂费，这些都包含在营业费用中。"

营业费用的条目和主要内容

项目	主要内容
人工成本费用	雇用人力所需的费用及零售所需的经费所占的比重最大，其中包括正式员工、兼职员工等人员的工资。
促销费用	设计、印刷、发放广告宣传单所需的经费，以及 POP 等促销用品所需的经费。
设备费用	指建筑物、营业用的陈列工具、收银机等设备所需的经费。包括地产、租金等费用。
水电费	营业时所需的水、电、煤气等费用。
其他	办公室中所需的消耗品、杂费等费用

店长："小店铺的特点是营业费用中，员工的工资所占的比重最大。和工厂等设备型产业不同，小店铺是劳动密集型产业，人工成本所占的费用多。

所以，甚至可以说人工成本控制得好不好反映出店长的管理水平如何。具体就体现在合理安排兼职员工、将人工成本控制在合理范围内，以及确保营业利润等日常工作中。"

水产部新课长："那么，怎么才能评估营业利润的好坏呢？”

店长：“可以利用营业利润率的数据评估，就是营业利润在销售额中所占的比例。”

营业利润率（%）= 营业利润（日元）÷ 销售额（日元）× 100%

店长：“经营店铺中，正常的营业利润率在 3% 左右，随着店铺的租金上涨，在员工加薪、原材料费用猛增等形势下，要想实现营业利润目标额，真的是越来越难了。”

利用损益分歧点销售额，确认收益性

本章节需要记住的公式

- 损益分歧点销售额（日元）= 营业费（日元、固定费）÷ 毛利润率（%）
- 变动率（%）= 变动费（日元）÷ 销售额（日元）× 100%
- 损益分歧点销售额（日元）= 营业费（日元、固定费）÷ [100% − 变动率（%）] = 营业费（日元）÷ 边际利润率（%）
- 必要销售额（日元）= [营业费（日元、固定费）+ 目标收益（日元）] ÷ [100% − 变动率（%）]

店长："听说过损益分歧点销售额吗？"

水产部新课长："听说过，可不知道是什么意思。"

店长："损益分歧点销售额指营业利润变成零的时候的销售额，此时的毛利润额和营业费相等。又因为营业利润为零，也可以说是黑字和赤字临界线上的销售额。"

水产部新课长："是怎么求出来的呢？"

店长："请看下表，销售额为 100 万日元时，毛利润率是 25%，营业费如果是 20 万日元，营业利润就变成了 5 万日元。"

· 营业利润额 = 毛利润额 − 营业费 = 25 万日元 − 20 万日元 = 5 万日元

店长："相同条件下如果减少销售额，当营业利润变成零的时候的销售额就是损益分歧点销售额。"

· 销售额为 90 万日元时

毛利润　90 万日元 × 25%＝22 万 5000 日元

营业利润　22 万 5000 日元−20 万日元＝2 万 5000 日元

损益分歧点销售额的计算方法

销售额为 100 万日元时

项目		金额（千日元）
销售额		1000
销售成本		750
毛利润额		250
毛利润率		25.00%
经费	人工费	100
	设备费	40
	促销费	20
	水电费	10
	其他	30
营业费		200
营业利润额		50

→

销售额为 90 万日元时

项目		金额（千日元）
销售额		900
销售成本		675
毛利润额		225
毛利润率		25.00%
经费	人工费	100
	设备费	40
	促销费	20
	水电费	10
	其他	30
营业费		200
营业利润额		25

→

销售额为 80 万日元时

项目		金额（千日元）
销售额		800
销售成本		600
毛利润额		200
毛利润率		25.00%
经费	人工费	100
	设备费	40
	促销费	20
	水电费	10
	其他	30
营业费		200
营业利润额		0

· 销售额为 80 万日元时

毛利润　80 万日元 × 25%＝20 万日元

营业利润　20 万日元−20 万日元＝0 日元

水产部新课长："这时损益分歧点销售额是 80 万日元吧。"

店长："对！如果要将这个计算公式用未知方程表示，设损益分歧点销售额的值为Y，将计算公式展开如下。”

Y×毛利润率−营业费=0

Y×毛利润率=营业费

Y=营业费÷毛利润率=损益分歧点销售额

店长：“和损益分歧点销售额相关的数据还有变动费、变动率、固定费和边际利润率。虽然不太常用，但最好还是记住。现在先看看变动费。

变动费指和销售额增减成比例发生的费用，零售业基本将它按照销售成本来考虑。销售成本在实现销售时使用，销售量为零时，销售成本也变成零。在食品超市，因为销售成本以外的变动费的金额有限，所以一般会按照变动费等于销售成本来计算。”

水产部新课长：“那么变动费等于销售成本的话，变动率也相当于销售成本率吗？”

变动率（%）=变动费（日元）÷销售额（日元）×100%

店长：“是的。另外，固定费和销售额的增减没有关系，是一定的费用。像店铺租金这类费用就和销售额没有关系，每个月都是支付一定的金额。食品超市的营业费就相当于固定费。所以，损益分歧点销售额的公式可以如下展开。”

损益分歧点销售额（日元）=营业费（日元、固定费）÷毛利润率（%）

=营业费（日元）÷[100%−变动率（%）]=营业费（日元）÷边际利润率（%）

水产部新课长："公式知道了，但边际利润率指的是毛利润率吗？"

店长："是的，100%的销售额，再减去销售成本率 75%，就得出了 25%的毛利润率。又因为 100% − 变动率 = 边际利润率，就得出了边际利润率也是 25%。下面就是将这些数值根据刚才的例子列出的表格。

下表中，就将 100 万日元的销售额、25%的毛利润率、20 万日元的营业费和 5 万日元的营业利润等收益状况，置换成固定费、变动率和边际利润率的概念。"

销售额为 100 万日元时

项目		金额（千日元）
销售额		1000
销售成本		750
毛利润额		250
毛利润率		25.00%
经费	人工费	100
	设备费	40
	促销费	20
	水电费	10
	其他	30
营业费		200
营业利润额		50

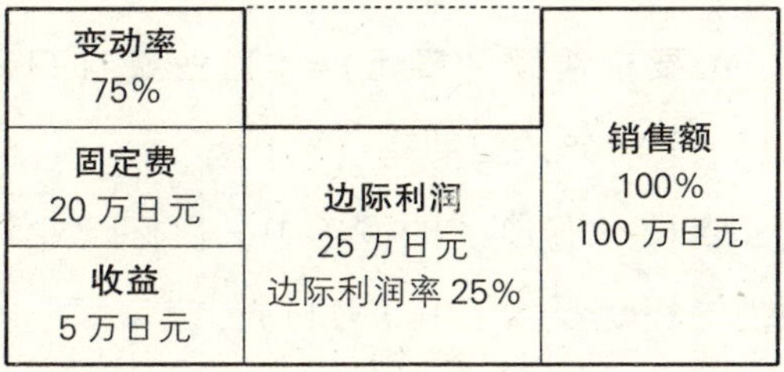

变动率 75%		销售额 100% 100 万日元
固定费 20 万日元	边际利润 25 万日元 边际利润率 25%	
收益 5 万日元		

水产部新课长："可为什么必须用损益分歧点销售额的数据进行评估呢？"

店长："损益分歧点销售额越低，则营业利润越多，还意味着经营处于稳定的状态。

而且通过损益分歧点销售额可以计算出确保必要收益的销售额，这能用于做预算。"

水产部新课长："如何计算呢？"

店长："损益分歧点销售额是固定费用（营业费）和边际利润（毛利润）相等时的销售额。所以，必要销售额以固定费（营业费）加目标利润的数值作为分子，求出损益分歧点销售额。"

必要销售额（日元）=［营业费（日元）+目标收益（日元）］÷［100%-变动率（%）］

店长："像刚才的例子中，目标营业利润是 5 万日元，必要销售额就变成了 100 万日元。"

(20 万日元+5 万日元)÷(100%-75%)=25 万日元÷25%=100 万日元

通过经营安全率，查看经营体制是否健全

本章节需要记住的公式

- 损益分歧点销售额比率（%）= 损益分歧点销售额（日元）÷ 销售额（日元）× 100%
- 经营安全率（%）= 100% − 损益分歧点销售额比率（%）

店长：“损益分歧点销售额利用损益分歧点销售额比率和经营安全率两种数据计算，来评估经营的安全度。”

水产部新课长：“这两个数据有什么不同吗？”

店长：“损益分歧点销售额比率显示了损益分歧点销售额在销售额中所占的比例。例如，当销售额是 100 万日元、损益分歧点销售额是 80 万日元时，损益分歧点销售额比率就是 80%。”

损益分歧点销售额比率（%）= 损益分歧点销售额（日元）÷ 销售额（日元）× 100% = 80 万日元 ÷ 100 万日元 × 100% = 80%

水产部新课长：“80% 代表什么意思？”

店长：“也就是说如果现在的销售额跌落了 20%，降到了损益分歧点销售额的值，就无法获取营业利润。将这个公式按照以下的形式展开。”

经营安全率（%）= 100% − 损益分歧点销售额比率（%）

店长：“经营安全率指的是现在的销售额与损益分歧点销售额差的比率，用于评估经营的健全性。如果这个数值高就很容易获利，并且说明经营稳定。”

水产部新课长：“也就是说如果损益分歧点销售额降低，就相当于提高了经营的安全度?”

店长：“差不多就是这个意思。要想降低损益分歧点销售额，大致有两种方法，知道是什么方法吗?”

水产部新课长：“既然损益分歧点销售额作为分子来计算，那就是让分子小点儿或让分母大点儿?”

店长：“是的，下面列举一下主要的方法。”

①下调固定费用（营业费用）

·因为人工费在经费中所占的比重最大，所以应调整人工成本或劳动时间。

·将店铺租金等费用降低。

·避免浪费杂费和水电等费用。

②提高边际利润率（毛利润率）

·削减损失。

·下调进货成本。

·根据混合毛利润，对MD（销售规划）做出调整。

·调整货品的种类和数目。

店长：“要想有效地降低损益分歧点销售额，不能仅针对某一方面进行调整，应该全面综合地对固定费用和边际利润率进行改善。

将 232 页案例中的人工成本削减 10%，并将毛利润率增加 1%时，经营安全率是多少?”

·人工成本削减 10%　10 万日元→9 万日元

·改善营业费用　20 万日元→19 万日元

·毛利润率增加 1%　25%→26%

水产部新课长：“人工成本减少到 9 万日元，营业费就变成了 19 万日元，毛利润率增加到 26%，算出的损益分歧点销售额是 73 万 1000 日元，损益分歧点销售额比率就变成了 73. 1%。经营安全率也改善了 6. 9%，变成了 26. 9%。”

·损益分歧点销售额　19 万日元÷26%≈73 万 1000 日元

·损益分歧点销售额比率　73 万 1000 日元÷100 万日元×100%=73. 1%

·经营安全率　100%-73. 1%=26. 9%

店长：“没错，身为课长，在工作中应该时刻保持成本的意识，尽职尽责地做好自己的每项工作。”

主要的数据计算和公式

数据计算	公式	页码
销售额（日元）	顾客数量（人）×客单价（日元）	6
客单价（日元）	销售额（日元）÷顾客数量（人）	6
	每位顾客购买商品的平均数量（个）×商品的平均单价（日元）	6、16
销售额与上一年比值（%）（与上一年同期相比）	当期销售额（日元）÷上一年销售额（日元）×100%	8
客单价与上一年比值（%）（与上一年同期相比）	当期客单价（日元）÷上一年客单价（日元）×100%	8
顾客数量与上一年比值（%）（与上一年同期相比）	当期顾客数量（人）÷上一年顾客数量（人）×100%	8
一周内各天所占的销售比（%）	一周内各天的销售额（日元）÷一周的销售额（日元）×100%	13
商品的平均单价（日元）	客单价（日元）÷顾客购买商品的平均数量（个）	16
	销售额（日元）÷销售数量（个）	16
不同时间段顾客数量的结构比（%）	不同时间段的顾客数量（人）÷全天的顾客总数量（人）×100%	19、140
不同时间段顾客数量与上一年比值（%）	当期某时间段的顾客数量（人）÷上一年同期该时间段的顾客数量（人）×100%	22
不同时间段销售额与上一年比值（%）	当期某时间段的销售额（日元）÷上一年同期该时间段的销售额（日元）×100%	22

（续表）

数据计算	公式	页码
各部门销售额（日元）	销售数量（个）×商品的平均单价（日元）	26
各部门销售额与上一年比值（%）	当期各部门销售额（日元）÷上一年同期该部门销售额（日元）×100%	26
不同日期销售额完成率（%）	各日的实际销售额（日元）÷该日的销售预算（日元）×100%	30
各月销售预算的消化率（%）	各月某段时期实际销售额（日元）÷该月的销售预算（日元）×100%	30
销售预算的完成率（%）	各月的实际销售额（日元）÷该月的预算销售额（日元）×100%	30
销售价（日元）	进货成本（日元）+加价额（日元）	37
	进货成本（日元）÷[100%–加价率（%）]	37
	加价额（日元）÷加价率（%）	36
加价率（%）	加价额（日元）÷销售价（日元）×100%	37
	[毛利润额（日元）+损失额（日元）]÷[销售额（日元）+损失额（日元）]×100%	55
	[销售价（日元）－算入成品率后的成本（日元）]÷销售价（日元）×100%	57
毛利润额（日元）	销售额（日元）－销售成本（日元）	41
	加价额（日元）－降价损失额（日元）	41
	销售额（日元）×毛利润率（%）	226
毛利润率（%）	毛利润额（日元）÷销售额（日元）×100%	41
损失额（日元）	降价损失额（日元）+废弃损失额（日元）	46
损失率（%）	损失额（日元）÷销售额（日元）×100%	46

（续表）

数据计算	公式	页码
不明损失额（日元）	期末账面售价库存（日元）－期末实际售价库存（日元）	46、74
	应有销售额（日元）－销售额（日元）	74
算入成品率后的成本（单位价）	进货成本（单位价、日元）÷成品率（%）	57
成品率（%）	销售重量（g）÷进货时的重量（g）×100%	57
销售成本（日元）	期初成本库存（日元）+期中进货成本（日元）－期末成本库存（日元）	64
期末成本库存（日元）	期末售价库存（日元）×成本率（%）	69
成本率（%）	成本（日元）÷售价（日元）×100%	69
	[期初成本库存（日元）+期中进货成本（日元）]÷[销售额（日元）+期末售价库存（日元）]×100%	69
应有销售额（日元）	期初售价库存（日元）+期中销售价（日元）－售价变动额（日元）－期末实际售价库存（日元）	74
商品周转率（次）	销售额（日元）÷平均售价库存（日元）	79
	销售成本（日元）÷平均成本库存（日元）	79
	销售数量（件）÷平均商品库存数量（件）	79
平均售价库存（日元）	[期初售价库存（日元）+期末售价库存（日元）]÷2	79
商品库存天数（天）	期间天数（天）÷商品周转率（次）	83
	平均售价库存（日元）÷平均日销售额（日元）	83
合理的库存（日元）	预算销售额（日元）÷目标商品周转率（次）	83

（续表）

数据计算	公式	页码
交叉率（%）	毛利润率（%）×商品周转率（次）	87
	[毛利润额（日元）÷销售额（日元）×100%]×[销售额（日元）÷平均售价库存（日元）]×100%	87
	毛利润额（日元）÷平均售价库存（日元）×100%	87
兼职员工的人数（人）	兼职员工的总工作时间（小时）÷正式员工被规定的工作时间（小时）	96
兼职员工比率（%）	兼职员工的总工作时间（小时）÷总工作时间（小时）×100%	96
从业人员数量（人）	正式员工的人数（人）+兼职员工的人数（人）	96
平均每位从业人员的销售额（日元）	销售额（日元）÷从业人员数（人）	102
平均每位从业人员的毛利润额（日元）	毛利润额（日元）÷从业人员数（人）	102
单位劳动时间销售额（日元）	销售额（日元）÷总劳动时间（小时）	102
单位劳动时间生产率（日元）	毛利润额（日元）÷总劳动时间（小时）	102
	单位劳动时间销售额（日元）×毛利润率（%）	102
人工费（日元）	总劳动时间（小时）×每人每小时劳动单价（日元）	107
每人每小时劳动单价（日元）	人工费（日元）÷总劳动时间（小时）	107
	兼职员工单价（日元）×兼职员工比率（%）+正式员工单价（日元）×正式员工比率（%）	107

（续表）

数据计算	公式	页码
人工费相对于销售额的比率（%）	人工费（日元）÷销售额（日元）×100%	113
劳动分配率（%）	人工费（日元）÷毛利润额（日元）×100%	113
投入的劳动时间（小时）	销售额（日元）÷单位劳动时间销售额目标（日元）	116
	毛利润额（日元）÷单位劳动时间生产率目标（日元）	116
不同部门销售额构成比率（%）	各部门销售额（日元）÷所有部门总销售额（日元）×100%	125
不同部门毛利润率（%）	各部门毛利润（日元）÷该部门销售额（日元）×100%	125
乘积（%）	各部门销售额构成比（%）×该部门毛利润率（%）	125
平均毛利润率（%）	各部门乘积的总和（%）	125
各月销售额构成比（%）	各月销售额（日元）÷全年销售额（日元）×100%	144、178
季节变动指数（%）	各月销售额（日元）÷全年月平均销售额（日元）×100%	144
	各月销售额构成比（%）×12	144
件数PI值（件）	销售件数（件）÷顾客数量（人）×1000	152
金额PI值（日元）	销售金额（日元）÷顾客数量（人）×1000	152
预测销售额（日元）	金额PI值（日元）×预测顾客数量（人）÷1000	152
预测销售数量（件）	件数PI值（件）×预测顾客数量（人）÷1000	152

（续表）

数据计算	公式	页码
平均每人的购买件数（件）	销售件数（件）÷顾客数量（人）	158
平均每人的购买件数与上一期比值（%）	当期平均每人的购买件数（件）÷前期平均每人的购买件数（件）×100%	158
不同时间段顾客数量的构成比（%）	不同时间段的顾客数量（人）÷全天顾客数量（人）×100%	165
不同时间段销售额构成比（%）	不同时间段的销售额（日元）÷全天销售额（日元）×100%	165
单品排面数（F）	整体排面数（F）×销售额构成比（%）	175
平均每台收银机结账的顾客数量（人）	不同时间段的顾客数量（人）÷运营的台数（台）	183
结账时间（秒）	欢迎用语（秒）+商品扫码输入（秒）+收款找零（秒）+感谢用语（秒）	183
平均给每位顾客结账的时间标准（秒）	欢迎用语（秒）+商品扫码输入（秒）+收款找零（秒）+感谢用语（秒）	188
平均每台收银机的顾客数量标准（人）	3600（秒）÷平均给每位顾客结账的时间标准（秒）	188
顾客数量标准的完成率（%）	平均每台收银机的顾客数量（人）÷平均每台收银机的顾客数量标准（人）×100%	188
期末库存预算（售价、日元）	平均日售（日元）×目标期末库存天数（天）	196
进货预算（售价、日元）	销售预算（日元）+期末库存预算（售价、日元）+损失预算（日元）–期初库存预算（售价）	196
进货预算（成本、日元）	进货预算（售价、日元）×成本率（%）	196

（续表）

数据计算	公式	页码
目标毛利润额（日元）	销售额（日元）×毛利润率（%）	202
	平均库存（售价、日元）×商品周转率（次）×毛利润率（%）	202
	平均库存（售价、日元）×交叉率（%）	202
平均库存（售价、日元）	目标毛利润额（日元）÷交叉率（%）	202
本期3月移动年计（日元）	上一期全年销售额（日元、2月期）+本期3月销售额（日元）−上一期3月销售额（日元）	209
下一期的销售预算（日元）	本期预计销售额（日元）×下一期预测增减率（日元）	209
不同月份的销售预算（日元）	全年销售预算（日元）×不同月份的销售额构成比（%）	214
各周销售额构成比（%）	各周销售额（日元）÷各月销售额（日元）×100%	217
各周销售预算（日元）	各月销售预算（日元）×各周销售额构成比（%）	217
各周内各天的销售额构成比（%）	当天的销售额（日元）÷该月的销售额（日元）×100%	217
各天的销售预算（日元）	各月的销售预算（日元）×当天的销售额构成比（%）	217
营业毛利润额（日元）	毛利润额（日元）−营业费（日元）	226
营业利润率（%）	营业利润（日元）÷销售额（日元）×100%	226
变动率（%）	变动费（日元）÷销售额（日元）×100%	230

（续表）

数据计算	公式	页码
必要销售额（日元）	[营业费（日元、固定费）+目标利润（日元）]÷[100%−变动率（%）]	230
损益分歧点销售额（日元）	营业费（日元、固定费）÷毛利润率（%）	230
	营业费（日元、固定费）÷[100%−变动率（%）]	230
	营业费（日元）÷边际利润率（%）	230
损益分歧点销售额比率（%）	损益分歧点销售额（日元）÷销售额（日元）×100%	235
经营安全率（%）	100%−损益分歧点销售额比率（%）	235

"服务的细节" 系列

《卖得好的陈列》：日本"卖场设计第一人"永岛幸夫

定价：26.00 元

《完全餐饮店》：一本旨在长期适用的餐饮店经营实务书

定价：32.00 元

《让顾客爱上店铺 1——东急手创馆》：零售业的非一般热销秘诀

定价：29.00 元

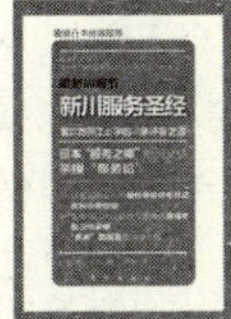

《新川服务圣经——餐饮店员工必学的 52 条待客之道》：日本"服务之神"新川义弘亲授服务论

定价：23.00 元

《为何顾客会在店里生气》：家电卖场销售人员必读

定价：26.00 元

《完全商品陈列 115 例》：畅销的陈列就是将消费心理可视化

定价：30.00 元

《如何让顾客的不满产生利润》：重印 25 次之多的服务学经典著作

定价：29.00 元

《让顾客爱上店铺 2——三宅一生》：日本最著名奢侈品品牌、时尚设计与商业活动完美平衡的典范

定价：28.00 元

《摸过顾客的脚才能卖对鞋》：你所不知道的服务技巧，鞋子卖场销售的第一本书

定价：22.00 元

《繁荣店的问卷调查术》：成就服务业旺铺的问卷调查术

定价：26.00 元

《菜鸟餐饮店 30 天繁荣记》：帮助无数经营不善的店铺起死回生的日本餐饮第一顾问

定价：28.00 元

《最勾引顾客的招牌》：成功的招牌是最好的营销，好招牌分分钟替你召顾客！

定价：36.00 元

《会切西红柿，就能做餐饮》：没有比餐饮更好做的卖卖！ 饭店经营的“用户体验学”。

定价：28.00 元

《制造型零售业——7-ELEVEn 的服务升级》：看日本人如何将美国人经营破产的便利店打造为全球连锁便利店 NO.1！

定价：38.00 元

《医患纠纷解决术》：日本医疗服务第一指导书，医院管理层、医疗一线人员必读书！ 医护专业入职必备！

定价：38.00 元

《迪士尼店长心法》：让迪士尼主题乐园里的餐饮店、零售店、酒店的服务成为公认第一的，不是硬件设施，而是店长的思维方式。

定价：28.00 元

《女装经营圣经》：上市一周就登上日本亚马逊畅销榜的女装成功经营学，中文版本终于面世！

定价：36.00 元

《医师接诊艺术》：2 秒速读患者表情，快速建立新赖关系！ 日本国宝级医生日野原重明先生重磅推荐！

定价：36.00 元

《超人气餐饮店促销大全》：图解型最完全实战型促销书，200 个历经检验的餐饮店促销成功案例，全方位深挖能让顾客进店的每一个突破点！

定价：46.80 元

《服务的初心》：服务的对象十人百样，服务的方式千变万化，唯有，初心不改！

定价：39.80 元

《最强导购成交术》：解决导购员最头疼的55个问题，快速提升成交率！

定价：36.00元

《帝国酒店——恰到好处的服务》：日本第一国宾馆的5秒钟魅力神话，据说每一位客人都想再来一次！

定价：33.00元

《餐饮店长如何带队伍》：解决餐饮店长头疼的问题——员工力！ 让团队帮你去赚钱！

定价：36.00元

《漫画餐饮店经营》：老板、店长、厨师必须直面的25个营业额下降、顾客流失的场景

定价：36.00元

《店铺服务体验师报告》：揭发你习以为常的待客漏洞　深挖你见怪不怪的服务死角　50个客户极致体验法则

定价：38.00元

《餐饮店超低风险运营策略》：致餐饮业有志创业者&计划扩大规模的经营者&与低迷经营苦战的管理者的最强支援书

定价：42.00元

《零售现场力》：全世界销售额第一名的三越伊势丹董事长经营思想之集大成，不仅仅是零售业，对整个服务业来说，现场力都是第一要素。

定价：38.00 元

《别人家的店为什么卖得好》：畅销商品、人气旺铺的销售秘密到底在哪里？ 到底应该怎么学？ 人人都能玩得转的超简明 MBA

定价：38.00 元

《顶级销售员做单训练》：世界超级销售员亲述做单心得，亲手培养出数千名优秀销售员！ 日文原版自出版后每月加印 3 次，销售人员做单必备。

定价：38.00 元

《店长手绘 POP 引流术》：专治“顾客门前走，就是不进门“，让你顾客盈门、营业额不断上涨的 POP 引流术！

定价：39.80 元

《不懂大数据，怎么做餐饮？》：餐饮店倒闭的最大原因就是“讨厌数据的糊涂账”经营模式。

定价：38.00 元

《零售店长就该这么干》：电商时代的实体店长自我变革。

定价：38.00 元

《生鲜超市工作手册蔬果篇》：海量图解日本生鲜超市先进管理技能

定价：38.00 元

《生鲜超市工作手册肉禽篇》：海量图解日本生鲜超市先进管理技能

定价：38.00 元

《生鲜超市工作手册水产篇》：海量图解日本生鲜超市先进管理技能

定价：38.00 元

《生鲜超市工作手册日配篇》：海量图解日本生鲜超市先进管理技能

定价：38.00 元

《生鲜超市工作手册副食调料篇》：海量图解日本生鲜超市先进管理技能

定价：48.00 元

《生鲜超市工作手册 POP 篇》：海量图解日本生鲜超市先进管理技能

定价：38.00 元

《日本新干线 7 分钟清扫奇迹》：我们的商品不是清扫，而是“旅途的回忆”

定价：39.80 元

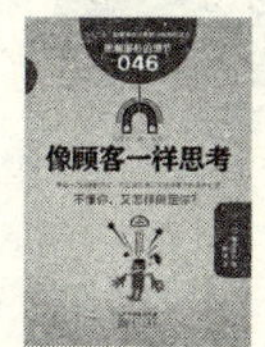

《像顾客一样思考》：不懂你，又怎样搞定你？

定价：38.00 元

《好服务是设计出来的》：设计，是对服务的思考

定价：38.00 元

《让头回客成为回头客》：回头客才是企业持续盈利的基石

定价：38.00 元

《餐饮连锁这样做》：日本餐饮连锁店经营指导第一人

定价：39.00 元

《养老院长的 12 堂管理辅导课》：90%的养老院长管理烦恼在这里都能找到答案

定价：39.80 元

《大数据时代的医疗革命》：不放过每一个数据，不轻视每一个偶然

定价：38.00 元

《如何战胜竞争店》：在众多同类型店铺中脱颖而出

定价：38.00 元

《这样打造一流卖场》：能让顾客快乐购物的才是一流卖场

定价：38.00 元

《店长促销烦恼急救箱》：经营者、店长、店员都必读的“经营学问书”

定价：38.00 元

《餐饮店爆品打造与集客法则》：迅速提高营业额的“五感菜品”与“集客步骤”

定价：58.00 元

《赚钱美发店的经营学问》：一本书全方位掌握一流美发店经营知识

定价：52.00 元

《新零售全渠道战略》：让顾客认识到“这家店真好，可以随时随地下单、取货”

定价：48.00 元

《良医有道：成为好医生的 100 个指路牌》：做医生，走经由“救治和帮助别人而使自己圆满”的道路

定价：58.00 元

《口腔诊所经营 88 法则》：引领数百家口腔诊所走向成功的日本口腔经营之神的策略

定价：45.00 元

《来自 2 万名店长的餐饮投诉应对术》：如何搞定世界上最挑剔的顾客

定价：48.00 元

《超市经营数据分析、管理指南》：来自日本的超市精细化管理实操读本

定价：60.00 元

《超市管理者现场工作指南》：来自日本的超市精细化管理实操读本

定价：60.00 元

《超市投诉现场应对指南》： 来自日本的超市精细化管理实操读本

定价： 60.00 元

更多本系列精品图书，敬请期待！

图字：01-2017-8254

图书在版编目（CIP）数据

超市经营数据分析、管理指南／（日）纸谷佳伸 著；石露 译. —北京：东方出版社，2018.2
(服务的细节；061)
ISBN 978-7-5060-9990-5

Ⅰ.①超…　Ⅱ.①纸… ②石…　Ⅲ.①超市—商业服务—指南　Ⅳ.①F717.6-62

中国版本图书馆 CIP 数据核字（2017）第 298693 号

服务的细节 061：超市经营数据分析、管理指南
(FUWU DE XIJIE 061：CHAOSHI JINGYINGSHUJU FENXI GUANLI ZHINAN)

作　　者：[日] 纸谷佳伸
译　　者：石　露
责任编辑：崔雁行　高琛倩　郭伟玲
出　　版：东方出版社
发　　行：人民东方出版传媒有限公司
地　　址：北京市东城区东四十条 113 号
邮　　编：100007
印　　刷：三河市金泰源印务有限公司
版　　次：2018 年 2 月第 1 版
印　　次：2018 年 2 月第 1 次印刷
开　　本：880 毫米×1230 毫米　1/32
印　　张：8.375
字　　数：158 千字
书　　号：ISBN 978-7-5060-9990-5
定　　价：60.00 元
发行电话：(010) 85924663　85924644　85924641